DIEU, CHEMIN FAISANT

Roch-Étienne Noto

Dieu, chemin faisant

ITINÉRAIRES DE LA MISSION DE FRANCE

Préface du père Jean-Marie Ploux
Postface de Mgr Hervé Giraud

SALVATOR

Yves Briend Éditeur, SA
103 rue Notre-Dame-des-Champs F-75006 Paris
www.editions-salvator.com
contact@editions-salvator.com

Maquette intérieure : Atlant'Communication
Couverture : Sylvain Collet

ISBN : 978-2-7067-2269-1

« Père Saint, conservez à cause de votre nom ceux
que vous m'avez donnés. Je vais maintenant à vous,
et c'est afin que la joie qui vient
de vous soit parfaite en eux,
que je dis ceci pendant que je suis dans le monde.
Je ne vous prie pas de les ôter du monde
mais de les préserver du mal.
Ils ne sont point du monde,
de même que moi je ne suis
pas du monde non plus.
Ce n'est pas seulement pour eux que je prie,
mais c'est encore pour ceux qui croiront en vous
sur ce qu'ils leur entendront dire. »

Sainte Thérèse de Lisieux (1873-1897)
empruntant les paroles du Christ en Jn 17, 4-24

« "*Beata es Maria quae crédi disti*" :
L'éloge de Marie par Élisabeth évolue
autour de cette pensée-maîtresse : la foi.
Tel est le fondement de toute vie spirituelle,
de toute vie chrétienne. »

Cardinal Emmanuel Suhard (1874-1949)

Liste des abréviations

AMDF : Archives de la Mission de France
BLF : *Bulletin de liaison de la formation*
CMDF : Communauté Mission de France
HSP : Hors-série *Prier*, 2006
LAC : *Lettre aux communautés*
MDF : Mission de France

Préface

QUAND cela a-t-il commencé ? Quoi : « cela » ? Ce lent mouvement de civilisation que l'on appelle la « sécularisation » et qui, en France, de soubresauts en soubresauts, a conduit toute une société, tout un peuple autrefois chrétien à ne plus l'être : lors du cataclysme de la Seconde Guerre mondiale et de la fracture en deux blocs ? Avant, lors de la séparation de l'Église et de l'État ? Avant encore, lors de la Révolution française ? Ou bien lors des guerres de religions ? Sans doute déjà, lorsqu'à l'aurore des temps modernes les hommes ont revendiqué leur liberté de conscience, le plein usage de leur raison critique et le droit d'un peuple à disposer de lui-même : toutes choses que, sauf exceptions, l'Église catholique réprouva et combattit. Jusqu'au jour où le pape Jean XXIII prit l'initiative de réunir les évêques du monde entier pour relire l'histoire et, enfin, regarder la réalité en face. Ce fut, en 1962, le concile Vatican II.

Vingt ans auparavant, en 1942, le cardinal Emmanuel Suhard, archevêque de Paris, avec l'accord de ses confrères, avait ouvert un séminaire pour former les prêtres d'une « Mission de France » qui puissent travailler à la rechristianiser. Peut-être qu'en son esprit, la restauration qui avait suivi la Révolution française justifiait-elle son projet… Mais, en 1947, il écrivait ceci :

> Deux ans après la fin de la guerre, nous savons que la paix ne ressemblera pas à celle qu'imaginait notre attente. Moins prochaine, elle ne sera pas un « retour » tranquille aux formes du passé. La crise qui ébranle le monde dépasse largement les causes qui l'ont provoquée. Le conflit en a sa part, avec sa suite de détresses. Mais le bouleversement qu'il a déchaîné n'a pas pris fin avec lui : il vient de plus haut et il va plus loin. Les ruines sont un malheur. Elles sont aussi un symbole. Quelque chose est mort, sur la terre, qui ne se relèvera pas. La guerre prend alors son vrai sens : elle n'est pas un entracte, mais un épilogue. Elle marque la fin d'un monde. Mais, du même coup, l'ère qui s'inaugure après elle prend figure de prologue : préface au drame d'un monde qui se fait[1].

Quatre-vingts ans plus tard, le pape François élargissait ce diagnostic au monde entier : « Nous ne vivons pas seulement dans une époque de changements, disait-il, mais dans un changement d'époque[2]. » La fin des empires coloniaux mais non des dominations économiques qu'ils ont générées, la crise de conscience écologique, la révolution informatique en tous les domaines de nos existences mais aussi les grandes incertitudes qui traversent les régimes politiques et les

1. Emmanuel Suhard, *Essor ou déclin de l'Église*, lettre pastorale, 1947.
2. François, *Allocution à la Curie romaine*, 21 décembre 2019.

voies spirituelles de l'humanité, suffisent à l'illustrer. Dès lors, certains chrétiens se demandent si leurs prédécesseurs n'auraient pas échoué à redresser la barre et s'il ne faudrait pas revenir au catéchisme d'antan et aux pratiques rituelles d'avant le Concile.

Ce livre n'est en aucune façon écrit dans un souci de polémique. Il expose simplement quelques-unes des facettes de l'aventure extraordinaire et toujours actuelle de la Mission de France depuis sa fondation jusqu'à aujourd'hui. Dans une société devenue irréligieuse ou « sans Dieu » – bien que Dieu ne s'en soit pas retiré et que des chrétiens et des communautés y vivent –, ces prêtres ordonnés pour aller à la rencontre de leurs contemporains, contribuer à mieux comprendre les attentes et les réponses contrastées des uns et des autres, ont pris, comme Jésus et comme Paul, la condition humaine ordinaire en partageant le travail, l'habitat, les conditions de vie de tous, mais d'abord de ceux dont l'Église était le plus loin. « Les joies et les espoirs, les tristesses et les angoisses des hommes de ce temps, des pauvres surtout et de tous ceux qui souffrent, sont aussi les joies et les espoirs, les tristesses et les angoisses des disciples du Christ, et il n'est rien de vraiment humain qui ne trouve écho dans leur cœur[1]. » En écrivant ces mots très souvent cités, les Pères du concile Vatican II ont exprimé au mieux le ressort intime de leur démarche. En France mais aussi, pour une petite part d'entre eux, dans le monde arabe, en Amérique Latine, en Afrique et

1. Concile Vatican II, préambule de la constitution *Gaudium et spes* sur l'Église dans le monde ce temps, 1965.

jusqu'en Chine, avec leurs compagnons de travail, ils ont pris leur part de la lutte pour plus de justice et de fraternité. Certains gardaient des responsabilités paroissiales, d'autres non.

Déroutants pour beaucoup : on a parfois douté de l'authenticité de notre vie chrétienne et de notre engagement missionnaire. Mais, comme toute communauté ecclésiale, nous sommes fondés sur le seul roc qui soit : le Christ lui-même et animés par le seul souffle qui vaille : l'Esprit. Tout au long de son histoire, l'Église n'a eu qu'un souci premier et ultime : celui d'annoncer le Christ et ce qu'il a révélé de Dieu et de l'homme. Mais, à travers les changements culturels et les bouleversements historiques, elle a dû chercher les attitudes parlantes, les mots justes pour que son message soit compris. Œuvre toujours à reprendre dans la tension inévitable entre la présence à la diversité humaine et l'unité ecclésiale à préserver. Cela demande d'abord d'écouter ce que l'Esprit dit aux Églises dans la diversité humaine. Comme l'a rappelé Jean Paul II : « L'Esprit se manifeste d'une manière particulière dans l'Église et dans ses membres ; cependant sa présence et son action sont universelles, sans limite d'espace ou de temps[1]. » Nous ne pouvons pas annoncer le Christ aujourd'hui si nous ne nous mettons pas humblement à l'écoute d'Esprit. Cela demande ouverture d'esprit et du cœur, temps et patience. Par ailleurs, trouver les langages qui parlent à nos contemporains pour faire entendre le message du Christ en notre temps est

1. Jean-Paul II, *Redemptoris missio*, § 28.

aussi une œuvre commune et de longue haleine qui exige le dialogue avec nos contemporains, mais aussi, évidemment, avec le fondement de l'Écriture, avec la mémoire de la Tradition vivante et avec l'Église d'aujourd'hui confiée à la veille des évêques.

Ce n'est pas tout. Le lecteur qui lira ces pages n'aura pas de peine à comprendre que le mystère de Dieu prenant humanité en Jésus de Nazareth pour la rejoindre au plus profond de son histoire est au cœur de la compréhension que nous avons de la Mission car c'est sur lui que repose la nouveauté, non seulement de l'Évangile, mais de la révélation de Dieu et de l'homme portée par le Christ Jésus. Sans elle, tout s'écroule de la foi chrétienne, sans elle, hors de sa radicalité, le salut par la Croix devient l'issue malheureuse d'un idéaliste qui a échoué à faire passer son message de justice et de paix. Or, une certaine expression de la théologie de la rédemption a oublié le chemin onéreux du partage de la vie des hommes auxquels le message doit être livré, comme elle a oublié la présence de Dieu par son Esprit à toute réalité humaine. La malheureuse interprétation de la phrase de saint Cyprien : « Hors de l'Église, point de salut », a nourri trop de rejets et d'anathèmes sous prétexte de garder pur le dépôt de la foi. Nous en avons été délivrés par la conversion à laquelle le concile Vatican II nous a tous appelés. Mais on comprend que des chrétiens déroutés par cet appel doutent de l'authenticité de la vie spirituelle de ceux qui, dans la ligne de l'Incarnation, risquent tout dans l'écoute, l'hospitalité et le partage avec les « autres ». Cela ne les rend aveugles ni sur la détresse spirituelle ou le « péché » des hommes, ils le connaissent aussi, ni sur tout ce que des hommes ont profané et même déshumanisé de l'homme. Nous aussi nous vivons de la grâce de Dieu et de son pardon.

Père Jean-Marie Ploux
Prêtre de la Mission de France, théologien

Brève histoire de la Mission de France

1941 : Création du séminaire à Lisieux

Sous l'impulsion du cardinal Suhard, archevêque de Paris, l'Assemblée des cardinaux et archevêques de France (ACA) décide l'ouverture d'un séminaire pour répondre au défi de la déchristianisation de la société française. Durant son épiscopat à Reims, le cardinal Suhard a pris conscience de la déchristianisation de la France, notamment rurale. Nommé archevêque de Paris en 1939, son désir de créer une œuvre propre à rechristianiser la France s'approfondissait. De nombreuses sessions de travail de l'ACA témoignent d'un bouillonnement d'idées missionnaires. Dès 1940, le cardinal rencontrait Mère Agnès, prieure du carmel de Lisieux et sœur de sainte Thérèse. Il souhaitait associer la future fondation à la sainte de Lisieux, nouvelle Patronne des missions. La petite voie de confiance et d'abandon thérésienne devait irriguer la vie spirituelle des futurs missionnaires.

Le 24 juillet 1941, l'ACA fondait à Lisieux, sous le patronage de sainte Thérèse de l'Enfant-Jésus, le « séminaire de la Mission de France » destiné à envoyer des prêtres dans les régions déchristianisées et dépourvues de clergé. La raison d'être de ce séminaire était régulièrement rappelée: « N'oubliez jamais que si la Mission a été créée, c'est parce qu'un beau jour, dans l'Église, on a pris conscience du fait de la déchristianisation. Ce fait consiste essentiellement dans un mouvement de civilisation qui enfante une nouvelle manière d'être homme, et cet homme nouveau naît païen... » (LAC, 1952). Le père Louis Augros, sulpicien, en devenait le premier supérieur. Au bout de quelques mois, des séminaristes, mais aussi des prêtres en fonction venaient y recevoir une formation à la mission. Le séminaire devint très vite un carrefour missionnaire. Le père Marie-Dominique Chenu, dominicain, y fut un théologien de référence. Le père Jacques Loew, docker à Marseille, venait y raconter son expérience de prêtre au travail. Madeleine Delbrêl livrait le témoignage de son action missionnaire en milieu communiste à Ivry-sur-Seine. Le père Martimort entretenait les séminaristes sur le renouveau liturgique.

En 1943, les premières équipes de prêtres étaient envoyées en mission. À la fin de la Seconde Guerre mondiale, la Mission de France occupait une place importante dans l'effort missionnaire de l'Église de France, qui cherchait comment s'adapter au monde moderne en se nourrissant des expériences de terrain. La rencontre par le travail professionnel des ouvriers dans des usines ou dans des exploitations agricoles devenait un enjeu missionnaire, la recherche liturgique un défi, les luttes sociales un lieu d'Évangile. Les trois lettres pastorales du cardinal Suhard, *Essor ou déclin de l'Église*, *Le sens de Dieu* et *Le prêtre dans la cité*, apportaient une renommée internationale au prélat.

1954 : Alors que les prêtres-ouvriers sont interdits, la Mission de France devient une prélature

À la mort du cardinal Suhard en 1949, la Mission de France fut placée sous l'autorité de l'évêque de Lille, Achille Liénart, président de la commission des séminaires français. Il fut acteur et témoin de la fermeture du séminaire de la Mission de France, mais après la reconnaissance de la vocation de la Mission de France par le pape Pie XII, elle lui fut confiée et il en devint le défenseur indéfectible.

Une première épreuve ébranla le séminaire le 28 mars 1952 lorsque le cardinal Liénart présenta une monition au nom de la hiérarchie catholique. L'avertissement était brutal mais prévisible. Depuis 1947, la Guerre froide entre l'Union soviétique et les États-Unis s'imposait dans les conjonctures politiques, économiques et culturelles du monde. La Mission de France était considérée par des catholiques comme l'avant-garde de la vague progressiste. Certains membres de la Mission avaient rejoint le Mouvement de la paix, initié par des résistants français en 1947 et sous influence communiste. Des prêtres-ouvriers s'étaient associés à des syndicats d'inspiration marxiste pour défendre la cause ouvrière. En 1950, le Saint-Office romain et l'encyclique *Humani generis* du pape Pie XII proscrivaient toutes formes de collaboration avec les militants communistes.

L'incompréhension entre la Mission de France, l'épiscopat français et Rome devenait patente et des évêques émettaient des réserves sur la manière dont le père Augros conduisait la formation des séminaristes.

En effet, il donnait aux étudiants une nouvelle intelligence missionnaire : pas de règlement mais une seule règle, vivre l'Évangile dans l'« obéissance au réel ». Il s'agissait de fournir aux futurs prêtres la liberté intérieure nécessaire pour discerner la parole, la présence et l'action de Dieu, dans le monde, y compris païen. Même si le supérieur du séminaire tenait le lien à l'Église comme l'attestation du lien à l'Esprit Saint, sa pédagogie quelque peu subversive nourrissait une inquiétude dans la hiérarchie catholique. D'autres voyaient d'un mauvais œil que des équipes de prêtres de la MDF fassent plus cas de l'autorité du supérieur du séminaire que de l'évêque du diocèse. Mais la question qui taraudait le plus l'épiscopat concernait la remise en question du sacerdoce traditionnel par la Mission de France. Les terrains nouveaux étaient ceux de la parole de Dieu, de l'Évangile à annoncer aux pauvres et aux opprimés, d'un affranchissement du capitalisme pour retrouver l'esprit de pauvreté des premiers apôtres.

En 1953, le séminaire de la Mission de France fermait ses portes. L'arrêt de l'expérience des prêtres-ouvriers devenait effectif. Cependant, le « salut » vint de Rome. Malgré de nombreux détracteurs, la Mission de France conservait des personnes convaincues du bien-fondé de son existence. Près du Vatican, le père Pierre Veuillot, futur archevêque de Paris, Mgr Jean-Baptiste Montini, futur pape Paul VI, l'ambassadeur de France Wladimir d'Ormesson et bien d'autres agissaient. Nombreuses furent les discussions et tractations. Le pape Pie XII confirmait l'intuition de la Mission de France le 15 août 1954 en l'instituant sous la forme d'une prélature. La constitution apostolique *Omnium ecclesiarum sollicitudo* reconnaissait, en effet, la Mission de France comme une institution d'Église, spécialement chargée de porter le salut qui est en Jésus-Christ au monde déchristianisé et au monde païen qui se formait en dehors du Christ et de son Église. Le séminaire ouvrait de nouveau ses portes dans la commune de Pontigny dans l'Yonne.

Dans le même temps, des équipes de la Mission de France, implantées en Algérie depuis 1946, exerçaient leur solidarité avec le peuple algérien. Par fidélité à l'Évangile, elles avaient fait le choix avec d'autres missionnaires de vivre au milieu des musulmans, dont les conditions de vie étaient misérables. Des prêtres de la Mission de France consonant aux aspirations de libération du peuple algérien furent accusés de trahison par l'État français. Le témoignage chrétien de ces prêtres eut un grand retentissement dans les populations d'Afrique du Nord et en France. L'épiscopat français par les voix des évêques Liénart et Pinier prit position pour la Mission de France dans sa lutte. Néanmoins, cela n'empêcha pas les expulsions des prêtres de la ville de Souk-Ahras et leurs procès en France. La participation aux combats des hommes au nom du Christ et de l'Évangile créait une manière nouvelle de concevoir l'action missionnaire, une théologie de la libération en action. La lutte de ces missionnaires au côté du peuple algérien a laissé une trace profonde dans l'histoire de la Mission de France. Elle fut une des matrices des engagements ultérieurs des prêtres-ouvriers dont le pape Paul VI autorisait à nouveau l'envoi en 1965.

2002 : Fondation de la Communauté Mission de France

La Mission de France demeure un corps de ministres ordonnés : évêque, diacres et prêtres. Cependant, elle fait le choix d'intégrer l'ensemble de ses partenaires religieux, religieuses, équipes associées et laïcs dans une seule structure. La Mission de France crée une communauté missionnaire qu'elle appelle Communauté Mission de France (CMDF). Le but est de faciliter la participation des laïcs dans les équipes de mission, de se reconnaître une appartenance commune.

Cette communauté missionnaire s'inscrit dans la vocation première de la Mission de France et en poursuit la tâche en partageant la vie ordinaire des gens, en priorité celle des non-chrétiens, par l'habitat, le travail, les engagements politiques, sociaux et associatifs aussi bien en France qu'à l'étranger. Elle témoigne toujours de la présence de Dieu au cœur des préoccupations humaines, elle accueille la parole de Dieu à travers les personnes rencontrées. Elle privilégie les lieux où naît l'homme contemporain, là où l'homme se forge de nouvelles références, d'autres convictions. Comme l'exprime le *Manifeste* de 2002, la Communauté Mission de France se structure à travers trois responsabilités : « Travailler à la justesse de l'attitude chrétienne. Vivre l'Église aux lieux de la rencontre et du dialogue. Interpréter la foi chrétienne pour aujourd'hui[1]. »

---

1. *Manifeste de la Communauté Mission de France*, Pontigny, 18 août 2002.

Les équipes de mission rendent compte à la Mission de France et aux diocèses de l'expérience suscitée par les rencontres au quotidien de ceux qui ne partagent pas la foi chrétienne. Elles portent ainsi la responsabilité apostolique confiée par les évêques. Un des enjeux aujourd'hui est d'articuler avec justesse la collaboration entre le ministère ordonné et le laïcat.

Silence et Parole

Nous ne sommes pas des bavards.
Notre amitié pour vous, amis de partout,
De longue date et de fraîches rencontres,
S'exprime souvent sans mots inutiles.

Mais ce silence est rempli d'une lumière têtue
Venue du fond des âges chrétiens
Qui donne envie de donner la vie :

La parole reçue de Jésus de Nazareth
(et à travers lui parce qu'il l'a reçue, lui aussi,
De la longue route d'Israël
Et de sa disponibilité au Dieu Père qui l'a envoyé),

Cette Parole nous dit que ce monde est bel et bon,
Aimé de Dieu,
Tiré en avant de toutes les ornières
Que nos habitudes et nos médiocrités, nos projets
Trop courts et parfois notre méchanceté,
Tendent toujours à recreuser.

C'est d'abord à votre raison que nous nous adressons :
Ne nous privons pas de cette lumière,
N'en privez pas vos enfants

Et le monde dans lequel ils devront vivre,
Et les temps qui viennent.

C'est vrai : la foi est en nous prodigieuse énergie.
Elle nous fait aimer le monde et la vie,
Partager l'espérance de Dieu qui les a voulus
Et qui attend les fruits multiformes de son Esprit
Et de notre liberté.

Cette assurance qui habite nos interrogations
Et qui nous mobilise pour toujours chercher et mieux comprendre,
Elle n'est possible que dans une fraternité
Et une marche qui demeure commune
Dans la dispersion nécessaire de nos routes diverses.

Loin, nous sommes pourtant près les uns des autres,
Intérieurs aux rencontres et aux événements
Qui traversent la vie de chacun
Sous tous les cieux qu'habitent la terre et les étoiles.

Cette opiniâtre joie
se ressource à l'auberge d'Emmaüs.
Elle nous fait courir pour la partager dans la fraternité de nos rencontres,
Pour repartir à nouveau vers d'autres visages,
D'autres cultures, d'autres manières encore neuves
de prendre la vie et de lui chercher sens.

Qu'est notre Communauté Mission de France pour un tel enjeu ?

Mais quelle peut être la prétention d'une graine de moutarde
Sinon d'être à la disposition du vent et de l'Esprit ?

Si les oiseaux du ciel connaissent le don de Dieu,
Comment ne pas souhaiter à tous ceux que la vie nous donne d'aimer et de rencontrer
Non seulement de boire, de se désaltérer à la source,
Mais de se découvrir,
Prodige de la grâce,
Source avec la source, fleuve d'eau vive.

Père Jean Deries (1930-2018)
Prêtre de la Mission de France
Manifeste de la Communauté Mission de France
Pontigny, 18 août 2002

1

Le monastère intérieur

> Ces hommes qui devront vivre
> dans un monde sans Dieu,
> doivent être essentiellement
> des hommes pleins de Dieu,
> des hommes qui ont rencontré
> Dieu, de manière définitive,
> établis en alliance avec lui[1].

Depuis l'envoi des premières équipes de prêtres, le cœur de la spiritualité de la Mission de France est la double fidélité à Dieu et aux hommes qui se manifeste à travers un triple engagement : la fidélité à l'Incarnation, le dépouillement de soi et le service du frère.

La double fidélité à Dieu et aux hommes demande d'adopter les conditions de vie des gens afin d'être acceptés, reconnus et entendus par eux. Pour être reçu, le message ne peut être délivré seulement d'en haut mais il doit être vécu dans les réalités quotidiennes de la vie. Comme le signale le père Jean-Marie Ploux : « On ne connaît vraiment que ce que l'on éprouve de l'intérieur,

1. Lettre de Louis Augros, AMDF, 1er février 1965.

ce qui passe par le corps. [...] C'est la condition pour pouvoir dire l'Évangile avec les mots des autres. Et c'est pour cela que nous avons partagé la condition ouvrière, le travail, l'habitat, bref, la vie quotidienne de ceux dont nous avons reçu vocation à devenir les frères[1]. » Cet engagement d'incarnation est ainsi vécu par des prêtres de la MDF, comme un surcroît d'humanité pour le Christ afin que soit actualisé le salut dans le monde et dans la vie des hommes. Le père Jean Urvoas, prêtre-ouvrier, nous révèle cette intuition avec ses mots : « J'ai décidé de me faire prêtre pour rendre le Christ présent dans cette classe ouvrière que j'ai toujours aimée, [...] rendre reconnaissable le Christ au monde ouvrier[2]. »

Ensuite, la double fidélité à Dieu et aux hommes se réalise par l'action de se vider de soi-même de ses prérogatives liées au sacerdoce, des diverses sécurités qu'offre le service de l'Église. Ce mouvement de dépouillement de toute volonté de puissance, de se « dégager » pour « s'engager » comme le soulignait le père Chenu, facilite la communion aux sentiments du Christ, à son cœur de chair. Cet abandon de soi favorise l'authenticité du chemin de rencontre avec les gens, notamment les plus éloignés, les plus pauvres. En effet, il n'y a pas de véritable mission sans l'amour d'un cœur de chair. Il n'advient que par le mouvement de renoncement à ce que nous sommes, à ce que nous avons, pour nous laisser façonner par ceux vers lesquels nous sommes envoyés. Le père Davezies, membre de la MDF en

1. Intervention de Jean-Marie Ploux au « Forum de la formation », AMDF, 1987.
2. Lettre de Jean Urvoas (1922-1988), AMDF.

Algérie pendant la guerre d'indépendance, jugé pour son aide apportée au peuple algérien, interroge ainsi dans une lettre le président du Tribunal :

> Est-ce que je suis fidèle à l'Évangile, est-ce que j'ai le droit d'annoncer l'Évangile si je passe, sans les voir, à côté de ceux que les forces puissantes d'oppression veulent écraser, les laissant seuls se débattre ? Est-ce que je suis le représentant du Christ si je les laisse seuls dans leur combat, alors que la présence du Christ dans le monde est, selon un célèbre psaume messianique, révélée par la lutte contre l'injustice et l'oppression[1] ?

Les paroles de ce prêtre expriment ce lien entre l'Évangile et le cœur de chair qui doit habiter le missionnaire pour être fidèle au chemin tracé par Dieu dans le Christ. Cette solidarité vécue avec des musulmans a été pour ce prêtre le fruit d'un profond déplacement spirituel. Arnaud Favart, ancien vicaire général de la MDF et travailleur sur les chantiers de bâtiments et travaux publics du Limousin, évoque avec d'autres mots cette double fidélité. Écoutons-le évoquer poétiquement le lien qui l'unit à Dieu et à ses collègues de travail :

> Comme des moines qui s'habillent le matin pour la prière, nous revêtons la coule de ciré jaune, et allons-y pour pluies et vents, bénissez le Seigneur. Au rythme du moteur de l'engin, je lance mes litanies, que seul le ciel entend. Le chantier est mon couvent, mes copains chantent aussi leurs litanies, et l'orgue qui marche au diesel nous met au diapason[2].

1. *Ibid.*
2. HSP, 2006.

Enfin, la double fidélité par le service des frères se traduit à la Communauté Mission de France par le partage de la table des « pécheurs ». Cette image thérésienne inspire la vie spirituelle de nombreux de ses membres. Ainsi Dominique Fontaine, prêtre à Bussy-Saint-Georges dans le diocèse de Meaux propose de s'asseoir à la table des incroyants pour un partage essentiel : « Être missionnaire, c'est sûrement se rendre solidaire du chemin des autres, de ceux dont nous sommes loin, spirituellement ou géographiquement. C'est manger à la table des incroyants, c'est partir à la rencontre de ceux dont la recherche spirituelle est différente de la nôtre[1]. » Manger ensemble, assis à une même table, produit une solidarité entre les personnes. Claire Nolleau-Marijon, conseillère en économie sociale et familiale et membre de la CMDF, nous dit quelque chose de cette participation à cette Table de la charité fraternelle :

> Mon Dieu, aujourd'hui aide-moi à porter un regard d'amour sur les personnes que je vais croiser. Toutes ne seront sûrement pas mes amies, mais fais que je les reconnaisse comme frères et sœurs. Ces jeunes qui tiennent le mur, quand j'arrive au travail et qui, inlassablement, chaque jour, me disent bonjour. Ces femmes qui vont à pied pour chercher les enfants à l'école, ramener les courses à la maison, parfois aller travailler, tous les jours, par tous les temps. Mes chefs et les élus qui, parfois, me donnent l'impression d'être plus soucieux de leur pouvoir que

1. LAC 181, 1996.

du bien commun. Fais, mon Dieu, que je voie en ces visages croisés une trace du tien[1].

Porter un regard d'amour sur l'autre, nous fait voir dans son visage celui de Dieu. Ce regard fraternel est le lien qui unit le missionnaire autour de cette table ouverte à tous ceux pour lesquels il a été envoyé. Être responsable du frère « païen » consiste d'une manière radicale à se reconnaître capable comme lui d'obscurités, de trahisons, d'incroyances, mais aussi à faire briller la lumière de l'Évangile pour que ce frère puisse faire la vérité en lui et s'ouvrir si possible à Dieu.

Pour durer, le monastère intérieur, lieu de cette double fidélité unificatrice de la vie du missionnaire, ne peut que se fonder sur ce rappel du père Augros :

> N'oubliez pas que la Mission exige que vous soyez des saints : par la foi en ce Dieu vivant unique, transcendant, Maître de l'histoire, Maître de l'impossible, en ce Dieu d'amour qui entre dans l'histoire des hommes et qui choisit, qui appelle qui il veut pour le faire coopérer à son dessein de salut de l'humanité par Jésus-Christ et son Église[2].

Engager chaque jour sa vie dans la double fidélité à Dieu et aux hommes, répondre au triple appel de fidélité à l'Incarnation, de dépouillement de soi et de service des frères demeure un chemin de foi, d'exigence et de sainteté. Pas moyen d'aimer Dieu sans aimer toute humanité et pas moyen d'aimer l'humanité sans

1. HSP, 2006.
2. LAC, 30 juin 1952.

aimer tous les gens, pas moyen d'aimer tous les gens sans aimer chacun d'un amour concret. L'intuition paulinienne à l'origine de la MDF demeure toujours vivante :

> Ouvrier avec les ouvriers, paysans avec les paysans ; partage de leurs joies, de leurs luttes, de leurs inquiétudes ; partage de leurs prières ; union de la contemplation et de l'action en les vivifiant l'une par l'autre ; retrouver le sens sacré de toute chose et faire de la vie humaine, en sa totalité, le chemin qui mène au Père[1].

1. « Tract de présentation de la Mission de France », 1946, AMDF.

2

La communauté missionnaire

Cette communauté est un espace de
liberté, un espace pour inventer
une vie chrétienne et missionnaire,
ajustée aux temps nouveaux.
Elle est enracinée dans la responsabilité
apostolique de la Mission.
Elle est ouverte aux chercheurs et aventuriers
de l'Évangile, aux témoins discrets de Dieu[1].

La Communauté Mission de France fait la différence entre le processus de déchristianisation de la société française et son état de vie « païen ». Vivant au milieu des gens, des prêtres et des séminaristes de la Mission ont peu à peu discerné l'émergence d'un univers totalement étranger au christianisme. « À besoins nouveaux, des remèdes nouveaux », disait le père Augros. Concrètement l'ajustement aux temps nouveaux revêt au moins trois formes dans la CMDF. Sortir de chez soi pour aller chez les autres. Participer à la construction d'un monde

1. *Manifeste de la Communauté Mission de France*, Pontigny, 18 août 2002.

commun par le travail professionnel. Travailler dans l'Église à une meilleure articulation entre les ministères ordonnés et les laïcs.

Tout d'abord, sortir de l'Église. La rencontre avec ce nouveau monde païen a mis en évidence le défi réel de la mission, des appels de l'Esprit et les modalités appropriées pour annoncer la foi. Ces appels les conduisent à adopter une présence gratuite et silencieuse. Ils habitent avec les gens, les écoutent, cherchent à les comprendre, les aiment et participent à la construction d'un monde commun[1].

Ainsi, parce que l'action missionnaire n'est ni un pouvoir à exercer ni une récompense à recevoir, son fondement et son inspiration se résument en ces mots : être serviteurs à l'exemple du Christ. La « charte missionnaire » de ces envoyés peut se traduire en ces termes : vivre au rythme du monde, sensibles à ses moindres appels pour infuser le message chrétien. Conserver un sens très avivé des problèmes de l'heure, une inquiétude passionnée pour les frères devenus païens, une attentive observation de la vie contemporaine et une souplesse perpétuelle. Le vocabulaire s'adapte mais la fidélité à aller rencontrer les personnes là où elles sont et telles qu'elles sont demeure la règle de base de la CMDF. Nicole Vieillard-Baron, membre de l'équipe de mission de Bobigny en Seine-Saint-Denis, témoigne de cette rencontre :

> Compte tenu des relations nouées au fil des années, le moment semblait venu de passer du

1. LAC 180, 1996.

> dialogue et du partage de personne à personne à une recherche commune. Une invitation [...] a été lancée à des chrétiens, des musulmans, des athées, des communistes avec qui les membres de l'équipe CMDF avaient des liens parce qu'ils militaient ensemble ou qu'ils s'étaient rencontrés dans telle ou telle activité[1].

On le voit, le dialogue est l'autre nom de la rencontre. L'observation attentive de la vie contemporaine, une méthode d'agir. La souple adaptation, un comportement évangélique. Cependant, la présence aux gens, même si elle est déjà évangélisatrice, doit toujours être interrogée sur sa qualité, sa signification et son contenu.

Ensuite, participer à une construction commune du monde par le travail professionnel. Depuis quatre-vingts ans, la MDF se refonde sans cesse à partir des enjeux, des basculements et des lieux de fractures du monde qui la conduisent à un ajustement permanent des ressources et une mobilisation des intelligences pour y répondre. Une grande partie de cette mobilisation s'effectue par le travail professionnel. Le père Georges Gilson, évêque émérite de la Mission de France, rappelle que « le spécifique de l'envoi au travail professionnel, aujourd'hui, c'est le devenir de la foi chrétienne comme lumière des nations[2] ».

Guillaume Roudier, prêtre de la MDF à Lyon, analyse ainsi son positionnement de prêtre au travail : « J'ai fait le choix de me mettre au service des hommes et de l'Évangile, au contact d'un monde très réel.

1. LAC 221, 2003.
2. LAC 211, 2001.

Quand je parle de mon travail à la messe dominicale et que j'évoque ma communauté paroissiale avec mes collègues, j'ai l'impression que cela sert la rencontre[1]. »

Le travail professionnel est déterminant pour éviter la tentation du repli et l'esprit de parti tant combattu par le cardinal Suhard. Il rend possible une rencontre entre l'Église et ceux qui sont loin. Le travail professionnel est un envoi au service de la fraternité humaine et d'abord des frères du Seigneur les plus petits. En effet, là où sont les pauvres, là est la mission. Écoutons Valérie Landolfini relater ce qui constitue le cœur de son travail d'orthophoniste dans un service de neurologie d'un hôpital public parisien : « Chez chacun des patients rencontrés, il y a un sujet crucial qui va et vient discrètement pour finalement être le cœur de la préoccupation. Tant qu'il est encore temps, dire et se dire, délier les nœuds puis se taire et partir plus léger sur la barque qui mènera, lentement encore, vers l'autre rive[2]. »

Dans son travail de chercheur en biologie au CNRS, le père Philippe Deterre tente d'articuler la foi chrétienne et la pratique scientifique : « Ma proposition est de mettre la foi chrétienne [...] en face de la pratique de ceux qui font la science, à savoir les chercheurs. La question est alors celle de l'éventuelle pertinence de la tradition croyante et chrétienne pour le chercheur scientifique[3]. »

Le travail professionnel semble donc essentiel au devenir de la foi. Il est un lieu où se rencontrent des

---

1. Chantal Joly, *Des prêtres là où on ne les attend pas*, Salvator, Paris, 2018.
2. LAC 291, 2017.
3. LAC 168, 1994.

savoirs, des compétences, des expertises, des collaborations et des reconnaissances mutuelles. Ce partage de valeurs hautement spirituelles contribue à une forme d'évangélisation. Elles sont intégrées dans la vie chrétienne et dans l'Église. L'homme païen et l'Église grandissent et s'enrichissent l'un l'autre.

La troisième manière de s'ajuster aux temps nouveaux concerne la place des laïcs dans l'action missionnaire. Depuis sa création, l'intuition de la MDF a été partagée par des laïcs. Ils l'ont vécue dans leur travail et leurs engagements. La création de la Communauté Mission de France en 2002 a permis à des laïcs d'être associés à la responsabilité de la mission par l'appartenance à une équipe. En 2018, une consultation a désigné comme déléguée générale une laïque. Nommée par le prélat, Anne Soncarrieu décrit ainsi sa mission :

> La présence d'une déléguée générale n'est pas seulement une nouvelle manière de s'organiser, de répartir des responsabilités. Dans ce changement, peut-être que l'Église est encore plus fidèle à elle-même quand elle permet à chacun d'entendre et de vivre le « va trouver tes frères » comme Marie-Madeleine a pu l'entendre du Christ Ressuscité. C'est sans doute une des figures qui peut nous aider à mieux comprendre la participation de laïcs à la dimension apostolique de l'annonce de la foi[1].

Marie-Madeleine est associée au ministère de la Parole et de l'annonce. Elle est une figure de la responsabilité apostolique par son envoi vers tous les frères.

---

1. LAC 302, 2019.

À son exemple, des laïcs de la CMDF sont intégrés à la responsabilité apostolique de l'évêque. Comme le stipule, le concile Vatican II dans sa constitution *Lumen gentium* (cf. n° 10), ils mettent en œuvre le sacerdoce commun des fidèles et l'injonction à professer la foi devant les hommes. Ils participent à leur manière à une forme de décléricalisation de l'Église encouragée par le pape François.

3

L'Évangile à hauteur d'homme

Le dialogue est pour nous une dimension
constitutive de la foi chrétienne :
nous avons besoin de l'autre et de
sa compréhension du mystère
de Dieu pour approcher en vérité du mystère
de l'homme et du mystère de Dieu
tels qu'ils nous sont révélés en Jésus-Christ[1].

« L'ÉVANGILE à hauteur d'hommes » est une formulation de la Mission de France, pour signifier un processus de première annonce de l'Évangile à des non-chrétiens. Elle emprunte le langage des valeurs éthiques et spirituelles partagées par le plus grand nombre. Parmi de nombreuses valeurs pouvant servir d'appui à l'annonce de l'Évangile, trois d'entre elles, justice, dialogue et fraternité, ont particulièrement été mises en valeur par des membres de la CMDF.

Commençons par la notion de justice. La MDF et le parti communiste français ont partagé un long compagnonnage. Bien qu'il n'ait pas toujours été simple, il a

1. LAC 216, 2002.

été d'une grande sincérité de part et d'autre. La rencontre entre des membres de la MDF envoyés en mission dans la ville de Bobigny en Seine-Saint-Denis et des membres du parti communiste dirigeant cette municipalité est une illustration significative de cette première annonce de l'Évangile à hauteur d'homme. L'évènement Jésus-Christ bouleverse souvent les certitudes et les stratégies missionnaires. La finalité de l'annonce de l'Évangile est aussi d'ouvrir simplement des chemins de liberté et de bonheur. En ce sens, le missionnaire de la CMDF suit une exhortation de son évêque émérite Georges Gilson, qui écrit: « Ce qui importe ce sont les femmes et les hommes qui, saisis par la passion de l'humanité, veulent ouvrir un chemin de liberté et de bonheur en offrant et accueillant l'Évangile du Christ[1]. »

Ce chemin de liberté et de bonheur dont parle le père Gilson est inscrit au cœur de la Bonne Nouvelle de Jésus. L'enjeu missionnaire consiste à proposer, à temps et à contretemps, un Évangile capable de rendre compte des espérances humaines les plus concrètes. L'Évangile à hauteur d'homme est cette conviction que rien ne se fait de vraiment chrétien qui ne soit d'abord pleinement humain. Écoutons René Santraine, prêtre de la MDF, évoquer son ministère d'annonce de l'Évangile aux habitants de Bobigny:

> Ma candidature sur la liste départementale présentée par le parti communiste est le fruit d'un long parcours mené souvent en commun avec les communistes de Bobigny. Un parcours ponctué d'échanges et de rencontres avec les habitants, les élus de cette ville

1. LAC 211, 2001.

> pour laquelle j'ai un profond attachement. Je devais prendre ma place dans la résistance aux injustices, car cela fait partie de l'annonce de l'Évangile. Mais si ma réponse a été positive, c'est parce que je crois que ma responsabilité de conseiller régional s'inscrit dans la manière dont la Mission de France m'a appris à mettre en œuvre le ministère presbytéral. Faire de la politique c'est un des terrains privilégiés où l'amour que nous fait découvrir le Christ peut s'exprimer avec force dans sa dimension collective[1].

Évidemment, des coopérations entre chrétiens et non-chrétiens ne peuvent se réaliser qu'une fois éprouvée l'authenticité de l'engagement de chacun, que la vérité des êtres se soit donnée à voir. Seules la sincérité et la gratuité rendent féconde la relation entre les personnes. Un des fruits de cette amitié gratuite entre chrétiens et communistes a été la construction de l'église Saint-André de Bobigny. Lors de son inauguration, le maire communiste de la ville déclarait à Mgr Guy Deroubaix, évêque du diocèse :

> C'est ensemble que nous avons pu bâtir cette église. Entre ceux qui croient au ciel et ceux qui n'y croient pas, la barrière n'était pas infranchissable. Point d'aboutissement d'une longue démarche, l'inauguration devrait être le point de départ de nouveaux rapprochements pour bâtir une société plus juste, une vie plus belle, pour construire le changement, sachant nous accepter différents mais aussi surmontant ce qui nous sépare[2].

1. LAC 221, 2003.
2. *Ibid.*

Par le dialogue patient et la réalisation d'œuvres collectives de justice, chrétiens et communistes ont pu surmonter leurs différences et édifier ensemble une église. Ils ont été unis dans la discrétion et le respect. C'est toujours à partir de leurs actes que l'on connaît et comprend les êtres.

Le dialogue est une autre valeur promue par la CMDF qu'emprunte Corine Durot, infirmière à la retraite et en équipe MDF à Provins. Elle témoigne de sa manière d'annoncer l'Évangile à hauteur d'homme en favorisant un dialogue bienveillant et tolérant entre les communautés étrangères et françaises :

> Travailler au vivre-ensemble n'est jamais terminé et n'est pas facile. C'est un travail de fourmis, un travail de tous les jours. On rencontre des obstacles comme les communautarismes, la peur de l'autre qui nous envahit. Des tensions entre différentes cultures et nationalités font qu'elles refusent de se rencontrer. Depuis deux ans environ, des liens se sont créés entre un centre social rural et la communauté chrétienne de Villiers-Saint-Georges qui nous permettent d'organiser des actions communes. Au fil du temps, des rencontres se font, ouvrant d'autres horizons. La rencontre est créatrice de vie[1].

On perçoit derrière cet engagement humble et quotidien comment la parole, la relation entre des personnes différentes, produit de la vie, de la joie, du bonheur. L'autre qui fait peur devient un proche qui rassure. Là aussi, l'Évangile est annoncé.

---

1. LAC 297, 2018.

La fraternité est un autre chemin pour annoncer l'Évangile à hauteur d'homme. Colette Gallais en équipe MDF à Alger en témoigne en ces termes :

> Ayant souffert ensemble du terrorisme, nous devons poser des gestes et des paroles qui préparent la paix et la justice. Ce qui est premier, ce n'est pas le dialogue interreligieux, mais d'échanger, de partager. Pour moi, je milite surtout pour que les femmes trouvent leur place dans la société, que soit reconnue la dignité de la femme dans la famille, au travail et même dans les organisations politiques du pays. Une jeune femme mendiante m'a demandé un jour : « Pourquoi restez-vous ici, la vie est difficile, vous êtes mariée à un Algérien ? Vous êtes religieuse ? » Comme je répondais par la négative, elle a ajouté : « Eh bien, vous nous aimez ! »[1]

Annoncer l'Évangile à hauteur d'homme, c'est demeurer près de l'autre dans l'adversité jusqu'à ce qu'il ressente à quel point il est aimé, il est précieux. Annoncer l'Évangile à hauteur d'homme, c'est vivre l'Amour dans la langue que l'autre comprend.

Ces personnes passionnées d'humanité ouvrent avec d'autres un chemin de liberté et de bonheur. Ce chemin concerne tout le monde, les pauvres en priorité. Ainsi, l'annonce de l'Évangile à hauteur d'homme peut être considérée, si ce n'est comme la mission elle-même, au moins comme sa préfiguration : « L'un sème, l'autre moissonne » (Jn 4, 34).

---

1. LAC 216, 2002.

4

Être un signe authentique et clair

> Dire Dieu n'est pas séparable de la
> participation à une tâche collective :
> à savoir l'organisation harmonieuse
> de la vie sociale et politique
> de telle sorte que personne
> ne manque du nécessaire[1].

La Mission de France incarne un courant missionnaire du catholicisme social et d'ouverture sur le monde contemporain. En 1990, elle organise un rassemblement international à Jambville dans les Yvelines qui a pour thématique : « Mon village, c'est la planète ». La MDF y met en débat quelques-unes de ses options missionnaires : la démocratie politique, la lutte contre le racisme, la fraternité universelle et la démocratie sociale. Près de trois mille personnes et d'invités de plusieurs continents où sont implantées des équipes MDF dialoguent avec elle. Ces conversations se poursuivent jusqu'à l'année suivante où, durant une assemblée tenue à Lisieux pour le cinquantième

1. LAC 80, 1980.

anniversaire de sa fondation, émerge une redéfinition théologique de sa mission. La MDF est appelée à être, selon les mots de Jean-Marie Ploux, vicaire général, un « signe authentique et clair ». Gagner en intensité et en profondeur ce qui est perdu en extension, tel est l'enjeu de sa présence autant dans ses lieux d'implantations que dans les quatre options décisives pour l'Évangile discutées à Jambville. En effet, pour être fidèle à la radicalité de son intuition missionnaire, elle doit consonner avec les sociétés mondialisées complexes. La figure du pauvre n'est plus seulement celle de l'ouvrier, mais aussi celle de l'opprimé partout dans le monde.

La CMDF est animée par la conviction que Dieu ne s'accommode pas de toute organisation de la vie collective. Être un signe authentique et clair dans la promotion de la démocratie politique prend la forme de plusieurs combats : celui pour l'autodétermination du peuple algérien, le soutien à l'Église du silence de l'ancienne Tchécoslovaquie, ou une aide apportée aux opposants des dictatures chilienne, argentine et vénézuélienne. Cette lutte contre ces dictatures sud-américaines, inscrite dans les orientations de l'encyclique *Populorum progressio* de 1967, se réalise par un hébergement de nombreux exilés politiques en France et une aide concrète dans ces pays. Avec l'association France Terre d'asile, la Mission de France accueille dans sa maison de Fontenay-sous-Bois des familles chiliennes fuyant le régime du général Pinochet. Cette solidarité vaut à la MDF d'être victime d'un attentat en 1977.

Au cours d'une nuit d'été, les résidents de la maison de Fontenay sont brutalement réveillés par le crépitement

> de longues flammes qui lèchent la façade de l'immeuble. Cet incendie criminel, situé au rez-de-chaussée, interdit l'évacuation des personnes qui doivent se réfugier sur la terrasse. Le sinistre maîtrisé, le mur longeant l'escalier laisse apparaître une inscription accompagnée d'une croix gammée : « À bas les curés rouges. Vive Pinochet ! » Signé : le groupe Hermann Goering[1].

Les partages de ces luttes avec les résistants contre les états totalitaires apprennent aux membres de la MDF que la soumission à une idéologie liberticide produit toujours les mêmes effets : oppression, injustice et mort. Finalement, c'est toujours la dignité de l'homme et de la foi qui est en péril. La prise de position pour une démocratie politique comporte toujours des risques, ceux de l'Évangile.

De même, être un « signe authentique et clair » dans la lutte contre le racisme demande de poser sur l'autre un regard capable de briser les barrières, conformément à la justice évangélique. Un diacre de la MDF en témoigne ainsi :

> C'est le Christ qui m'a amené un matin à ne pas détourner mon regard d'un jeune Rom. Il cherchait de quoi se nourrir dans notre poubelle. Il m'a conduit dans son bidonville à cinq minutes de chez nous. Les Roms étaient considérés comme des parias. Un jour, un groupe de riverains est venu manifester et en découdre avec eux dans le bidonville. Avec des bénévoles associatifs, nous avons tenté de dialoguer avec les manifestants lorsqu'une femme m'interpella :

1. LAC 135, 1989.

> « Mon père, pourquoi défendez-vous ces gens-là ? » Depuis, un long compagnonnage s'est tissé avec la communauté rom. Le travail partenarial réalisé avec des associations a permis de loger une quinzaine de familles et de leur obtenir un travail[1].

Parce que Dieu nous libère de toutes nos idoles, être un signe authentique et clair par la promotion d'une fraternité universelle est un autre combat que porte la MDF depuis sa fondation. Au nom de l'Évangile, la participation à l'accueil des migrants en France devient une priorité des membres de la Communauté. Les lieux où s'exerce cette solidarité fraternelle sont nombreux, par exemple à Nantes. Brigitte Le Sourn, membre de la CMDF, évoque son action en des termes significatifs :

> Être présents dans ces lieux singuliers de survie, auprès de ces jeunes niés dans leurs identités, rejetés dans un espace de non-droit : reconnus ni mineurs, ni majeurs. Faire acte d'humanité, d'accueil, de fraternité. Ils sont migrants, mais avant tout, ils sont des enfants. Notre militance a pour fonction d'empêcher que ces jeunes deviennent des invisibles, des oubliés, des reclus. Nous sommes du poil à gratter pour les politiques tant qu'ils ne protègent pas ces enfants[2].

La CMDF s'associe à la marche citoyenne et solidaire des migrants qui relie Vintimille à Calais en 2018. Dans de nombreuses villes, des rencontres, des débats, des témoignages de ces personnes quittant leurs

1. LAC 283, 2016.
2. LAC 297, 2018.

pays pour un autre sont organisés. L'objectif est de sensibiliser l'opinion publique à la réalité migratoire en en montrant une image positive. Le migrant peut aussi être une ressource pour une société. Ces combats pour le droit à la migration de tous les individus sont des enjeux majeurs pour l'avenir de la foi. En effet, la confrontation à l'altérité, en nous décentrant de notre propre monde nous fait accéder à une vérité sur Dieu qui est celle de l'hospitalité.

Et enfin, convaincus que Dieu n'est pas séparable d'une organisation harmonieuse de la vie sociale, certains membres de la CMDF sont un signe authentique et clair en s'engageant dans la promotion de la démocratie sociale. Paul Israël, inspecteur du travail et diacre de la CMDF, le signale en ces termes :

> Ce qui me paraît essentiel, c'est d'être des veilleurs et de continuer à rester des personnes capables de nous émouvoir sur tout ce qui défigure l'homme aujourd'hui. Ce que nous ne devons jamais oublier c'est que l'économique ne doit pas avoir le dernier mot. Ce n'est pas l'argent, ce n'est pas le profit, ce n'est pas la rentabilité, c'est d'abord l'homme dans toutes ses dimensions qui doit être au centre de nos préoccupations. L'Évangile nous invite dans le monde des entreprises à porter notre regard sur les laissés-pour-compte, ceux qui n'ont pas les moyens de se défendre, ceux qui subissent l'injustice[1].

Derrière ces mots, on perçoit l'absolue exigence d'accompagnement de toutes ces personnes en situation

---

1. LAC 283, 2016.

de précarité : être des passerelles pour amener ces personnes des périphéries au cœur des démocraties sociales et de les conduire du silence à la parole. Être un signe authentique et clair oblige à une prise de position collective et radicale, qui inscrit l'Évangile révélé aux petits et aux pauvres au cœur de nos sociétés mondialisées. Être un signe authentique et clair est inséparable des actes de résistance aujourd'hui comme hier pour ne pas perdre de vue le Royaume que l'Église annonce de la part de Dieu.

5

Le monde de l'incroyance : une vocation d'Église

La vocation de la Mission de France n'a pas été
suscitée par le Saint-Esprit dans la « périphérie »
de l'Église, puis habilitée par l'épiscopat.
C'est directement par lui
qu'elle a été appelée et envoyée.
C'est un acte de l'Église dans ce
qu'elle a de plus organique[1].

La Mission de France est une institution missionnaire directement appelée et envoyée par l'épiscopat français. Cet appel et cet envoi ne répondent pas à une mission spécifique mais incarnent la nature profonde de l'Église : être missionnaire. La création de la Mission de France est une prise de conscience par l'épiscopat, qu'à chaque génération, l'Église doit se réinventer en s'adaptant pour demeurer en dialogue avec les sociétés. Se réinventer en s'adaptant signifie toujours chercher à rejoindre les pauvres, qui prennent les visages de l'incroyant, du païen, du lointain.

1. Madeleine Delbrêl, *Missionnaires sans bateau*, Le livre ouvert, coll. « Parole de vie », Lagord, 2011.

Lors du cinquantième anniversaire de la mort de sainte Thérèse de Lisieux, le cardinal Suhard explique que la France va rendre au monde un service inouï en vivant avant lui et pour lui une expérience décisive dont l'enjeu est la pérennité de la foi chrétienne et d'un certain sens de l'homme. La France semble vivre une crise que d'autres peuples vivront plus tard. Il est donc naturel selon lui, que le premier élan missionnaire issu de l'expérience de Thérèse, et répondant à cette crise, soit la Mission de France. Cette crise qui menace la foi chrétienne est l'émergence de l'incroyance comme phénomène structuré et militant. Cette conscience nouvelle d'une France déchristianisée préfigure pour le cardinal la situation à venir des autres peuples chrétiens.

Comme en échos au cardinal Suhard, Madeleine Delbrêl souligne que cet élan missionnaire ne vient pas d'un charisme périphérique, mais prend son origine au cœur de la hiérarchie ecclésiale. Elle est un acte organique de l'Église, elle naît de la mission même de la succession apostolique. Le comité des évêques en charge de la MDF le rappelle : la grâce de la Mission de France est une grâce de vocation. Elle se révèle donc, comme toute vocation authentique, au point de convergence d'un appel intérieur éprouvé dans la conscience de l'appelé et d'un appel extérieur, venant de l'Église et qui donne au premier sa consistance définitive et sa garantie[1], mais aussi à travers une perception aiguë de la déchristianisation de notre pays : il n'est donc pas superflu de rappeler que cette vision de la déchristianisation est une lumière nouvelle, gratuite. La grâce

1. LAC, octobre 1954.

de la Mission de France exige que la vie apostolique soit abordée sous l'angle missionnaire, elle réclame le don de soi à ce qui est déchristianisé ou païen comme tel[1], non pas comme une stratégie de conquête mais plutôt un mouvement d'amour permettant à l'Église d'accéder à une compréhension du mystère du Christ dans sa plénitude.

Cette exigence de considérer la vie apostolique sous l'angle missionnaire prend sa source au carmel de Lisieux. En effet, quelques mois avant de mourir en 1897, Thérèse révèle la profondeur de son expérience spirituelle en deux formules significatives : « Dans le cœur de l'Église ma mère, je serai l'amour » et « Jésus m'a fait sentir qu'il y a des âmes qui n'ont véritablement pas la foi ». Ces deux réflexions, sans lien en apparence, n'en forment qu'une seule en réalité. Thérèse se place au cœur de l'Église pour y être l'amour et, dans le même temps, s'ouvre à l'appel du Christ d'aller à la rencontre des incroyants. Elle met ainsi en œuvre la mission même de l'Église, initiée à la Pentecôte, d'aller, parce qu'on les aime, à la rencontre des lointains, ou des périphéries chères au pape François. Telles sont la grâce et la vocation de Thérèse. Telles sont la grâce et la vocation de la Mission de France. Ainsi, appelée et envoyée par l'épiscopat, la MDF s'attache à offrir cet amour ecclésial au monde. Par le dialogue avec le monde déchristianisé ou incroyant, elle cherche à lui présenter le royaume de Dieu. Plut à Dieu de l'inclure dans son Royaume.

Ce dialogue prend plusieurs formes mais s'articule toujours autour de quatre convictions qui ont été

1. LAC 181, 1996.

présentées par le père Francis Corenwinder à l'Assemblée plénière de l'épiscopat français à Lourdes en 1980 : le compagnonnage dans une réciprocité avec les contemporains, l'articulation entre le droit des pauvres et l'adoration de Dieu, un travail d'intelligence de la foi pour annoncer l'Évangile dans la langue des gens, et le maintien de l'unité dans la diversité des insertions missionnaires. Ces quatre principes fondent un dialogue sans arrière-pensées ni prosélytisme mais avec humilité et respect. À l'exemple de Thérèse, la MDF réalise ainsi la mission de l'Église. Le père Dominique Fontaine en témoigne en ces termes :

> J'ai été très marqué par des discussions avec Hervé, un copain communiste qui était avec moi responsable de l'UNEF[1] à Nancy. De famille incroyante, il m'a dit un soir : « Si tu peux me montrer en quoi cette foi que tu as est essentielle pour ta vie, alors, je ne vois pas pourquoi je n'essayerai pas d'y croire moi aussi. » Je découvrais chez de nombreux copains incroyants des questions et une ouverture insoupçonnée[2].

Ainsi, marcher gratuitement à côté de l'autre, proposer un discours audible sur la foi, faire droit au chemin de vérité de l'incroyant forment le cœur de la démarche missionnaire de la MDF. Thérèse de Lisieux et la MDF sont signes d'une théologie de la Révélation vécue pour l'Église. Cette théologie « révélante » instaure d'une part une foi en un Dieu en dialogue permanent avec les incroyants, et d'autre part une foi

1. Union nationale des étudiants de France.
2. BLF 21, 1978.

qui accueille cette révélation. Cette reconnaissance de l'incroyance comme une possible voie mystique, est une lumière donnée par Dieu à Thérèse pour la sanctification et l'édification de l'Église, et la MDF cherche à prendre en compte cette possible voie mystique. L'équipe de mission animatrice des paroisses d'Ivry-sur-Seine évoque cette relation avec les incroyants au nom de l'Église en ces termes :

> Pour nous, la charge pastorale c'est de faire que cette attitude missionnaire d'engagement dans la cité et dans la rencontre quotidienne avec les non-chrétiens contribue à l'édification de l'Église, une Église qui se construit différemment. Le dialogue avec les non-chrétiens se passe dans la vie sociale mais il traverse aussi la vie de la communauté chrétienne, qui en devient le catalyseur. À l'aumônerie viennent des jeunes qui disent ne pas croire en Dieu. Dans les cérémonies d'obsèques, les non-croyants sont souvent majoritaires[1].

Par grâce, Dieu se révèle comme Parole, relation et dialogue. Par grâce, le pape Paul VI, au cœur du concile Vatican II, déclare l'Église comme « parole, message et conversation[2] ». Par grâce, la CMDF est un signe de la relation de service qui unit l'Église au monde et à Dieu. Elle exerce ce ministère de génération en génération. À quoi sert la MDF ? À rien d'autre que cela.

---

1. LAC 211, 2001.
2. Paul VI, *Ecclesiam Suam*, 1964.

6

Au cœur du péché du monde, le salut

C'est parce que nous sommes des
hommes blessés et pécheurs
que nous avons quelque chose à dire.
Nous avons quelque chose à dire de l'amour de Dieu
à partir de nos réussites mais aussi de nos échecs,
de nos deuils, de nos handicaps[1].

La foi du disciple de Jésus consiste en cette révélation : le divin s'est abaissé au niveau de l'humain. Ainsi nous connaissons Dieu dans l'humanité de Jésus reconnu Christ et Seigneur. Et nous savons que ce sera toujours un scandale pour les uns et une folie pour les autres (cf. 1 Co 1, 23). Il ne faut pas se tromper de route. Le Christ n'est pas venu dans la chair pour nous en libérer, mais pour la transfigurer et révéler sa dimension d'éternité, dévoiler la vocation divine de toute humanité. Et comme le souligne le père Serge Baqué, prêtre de la Mission de France et psychologue auprès de femmes, d'hommes et d'enfants traversés par l'excès du mal, « cette révélation de notre dignité divine vient au jour à partir de nos

1. Serge Baqué, LAC 227, 2004.

fragilités, de notre malheur, de nos misères mais aussi de notre beauté». Le missionnaire, explique-t-il, «est un être de misères parmi les autres êtres de misères, et c'est pour cela qu'il peut parler. La blessure, la vulnérabilité et le péché le rendent légitime pour parler de l'amour: la vérité, c'est que nous sommes tous des précaires car personne ne possède la vie ni l'amour: nous les recevons des autres[1] ». Et pourtant, devant l'horreur du mal, nous voudrions qu'il en soit autrement: que Dieu ne se contente pas de notre prière mais qu'il déchire les cieux.

La question du tragique de l'existence est au cœur même de la mission, de toutes les missions. Le missionnaire de la MDF a le souci, même si cette expression n'est plus à la mode aujourd'hui, de sauver les âmes. Il frémit à la vue de toutes les idolâtries de notre monde. Comme le rappelle le père René Salaün, théologien de la Mission de France, «nous sommes responsables de faire briller la lumière de l'Évangile devant les hommes, pour que faisant la vérité ils puissent accéder à cette lumière placée sous leurs regards. C'est de cela que nous avons la charge[2] ». Faire briller la lumière de l'Évangile devant les hommes, telle est la charge de tous les membres de la MDF. La mission ne consiste pas seulement à scruter les cœurs pour y déceler la grâce prévenante de Dieu. Elle est d'abord un agir: faire briller l'Évangile pour que le péché soit discerné. Étymologiquement, pécher signifie «manquer sa cible», c'est-à-dire passer à côté de soi, de sa mission, de son appel à rendre compte à l'autre de l'espérance

1. LAC 251, 2009.
2. LAC 1, 1967.

qui nous habite. Ainsi, pécher, manquer sa cible serait ne pas annoncer l'Évangile. Et il n'est pas neutre! Il a des lignes de force: le sermon sur la montagne, le magnificat, le jugement dernier.

Rendre compte de l'espérance qui nous habite est un appel. Mais cette espérance ne nous préserve de rien. Bien au contraire, elle nous jette hors de nous-mêmes et nous oblige à agir pour l'autre, pour soi-même, pour ne pas mourir. Le drame du génocide rwandais a mis en exergue cette injonction d'agir pour sauver ce qui pouvait l'être encore: l'être humain. Serge Baqué, envoyé en mission humanitaire dans ce pays, a entendu l'indicible. Il raconte:

> Si elles avaient abandonné ces enfants à la brousse, ces femmes auraient renoncé à toute humanité. N'est-ce pas là l'éthique fondamentale? Agir pour autrui, sans même espérer de résultat, mais parce que s'abstenir serait renoncer à sa propre humanité. Ces femmes m'ont aidé à comprendre que le péché contre l'espérance, ce n'est pas de désespérer, c'est de ne pas «passer». Et le salut, c'est cela. Le salut, c'est passer. Ça casse mais ça passe[1].

Le salut, c'est le désespoir surmonté, traversé, passé. «Ça casse mais ça passe.» Nul n'entre dans l'espérance avant d'avoir été jusqu'au bord de l'abîme, jusqu'à s'y être abîmé parfois.

Allez jusqu'au bord de l'abîme, peut-être y tomber et chercher Dieu encore. Tel est le but de la mission; non pas trouver Dieu mais le chercher, l'interpeller,

1. LAC 194, 1999.

tenter de le convoquer quand bien même la nuit sur la terre obstrue tous les horizons. Écoutons encore Serge Baqué, confronté au drame des enfants victimes du terrorisme en Algérie :

> Quand un enfant est torturé, où est Dieu ? Avec cet enfant ; crucifié jusqu'à la fin des temps avec le massacre de tous les innocents. Je le crois. Si je ne crois pas ça, je ne peux plus croire du tout. Mais est-ce suffisant pour un Dieu ? Ne pouvait-on espérer un peu plus de celui qui a créé le ciel, les mers, la terre et ce qu'elle contient[1] ?

Le missionnaire envoyé comme témoin du Christ pour porter la parole de Dieu ne peut fuir les situations où les hommes sont écrasés par la violence, terrassés par l'excès du mal. Il éprouve alors la limite des paroles consolantes qui restent extérieures à la souffrance ou, pire, prétendent l'effacer. Comme cette jeune Rwandaise criant : « Guérir, guérir, ils n'ont que ce mot à la bouche. Et si ça ne me convient pas à moi de guérir[2] ? » Non seulement ce cri de révolte bute contre les paroles lénifiantes qui promettent le bonheur dans l'ailleurs d'une nouvelle Terre, mais il met en cause la représentation d'un Dieu Tout-Puissant dont l'amour se révèle tragiquement inefficace pour consoler et sauver. Dans cette épreuve, aux côtés des malheureux et des souffrants, il ne peut que se tenir au pied de la Croix et, à la suite de Paul, espérer dire en vérité : « Avec le Christ, je suis un crucifié. Je vis mais ce n'est plus moi,

1. LAC 206, 2001.
2. *Ibid.*

c'est le Christ qui vit en moi. Ce que je vis aujourd'hui dans la chair, je le vis dans la foi au Fils de Dieu qui m'a aimé et s'est livré pour moi» (Ga 2, 19-20).

Dieu ne justifie rien, ni le bien ni le mal. Il est là au milieu de son peuple. Il a voulu n'avoir que nous pour faire son œuvre de salut en ce monde. Il n'entre que par les portes qu'on lui ouvre. Le salut de Dieu commence par une main tendue. Pierrick Lemaitre, prêtre de la MDF et aumônier en prison, évoque cette présence de Dieu au cœur de la détresse :

> Toutes ces personnes connaissent le chemin de la prison et je constate que la prison les punit, mais ne les guérit pas. Ce qui caractérise mon ministère de prêtre en cet endroit qu'est la prison, c'est tout d'abord l'écoute et l'accompagnement, afin de permettre qu'un chemin de réconciliation intérieur puisse s'ouvrir et que leur vie devienne un peu plus paisible. C'est aussi de leur signifier que si tous les ont abandonnés, le Christ, lui, ne les abandonnera pas. Il est présent au cœur de leur vie, ils peuvent tout lui dire, même l'insupportable[1].

Croire en Dieu n'est plus adhérer à une interprétation d'un monde créé, mais bien plutôt à une vision d'un monde libéré et sauvé. Ainsi, pouvoir dire l'insupportable à quelqu'un, c'est émerger des ténèbres toujours renaissantes en ce monde. C'est déjà le premier pas vers le salut. C'est déjà commencer à assumer le mal et le malheur.

---

1. LAC 276, 2014.

7

J'aime les lointains

J'ai compris en Chine que
l'Incarnation est l'entrée de Dieu
dans une temporalité qui n'est pas celle de l'histoire
en tant qu'histoire orientée d'un début à une fin,
mais qui est une entrée en relation[1].

VIVRE, comprendre et exprimer la foi chrétienne en des cultures et des idéologies qui lui sont étrangères sont les enjeux d'un nouveau type de dialogue qui a pris corps quand s'effondrèrent bien des idéologies politiques, avec par exemple, la chute du mur de Berlin en 1989. Ce dialogue, qualifié par ceux qui le pratiquent de spirituel, s'établit dans une rencontre interpersonnelle où la complexité des histoires forge une parole exigeante.

Dans une mission plus traditionnelle, le Christ, la clef de voûte des représentations théologiques qui structurent la vie ecclésiale, a légitimé la vision d'un monde où l'Église occupe le centre, et longtemps la

1. LAC 227, 2004.

mission s'est comprise comme un aller vers l'autre pour le conduire au centre. L'objectif était une assimilation de l'autre à soi.

Des chrétiens soucieux d'éviter une récupération hâtive se tournent aujourd'hui vers une autre conception de la mission où l'Esprit souffle où il veut et déborde l'Église, comme en témoigne l'expérience de nombreux membres de la MDF tant dans des pays lointains qu'en France dans des territoires sociaux et culturels différents. Alors les mots manquent pour dire Dieu dans la langue de tel ou tel peuple ou dans la langue de l'incroyant, du militant. Prononcer le mot Dieu avec toute la richesse d'un vécu est parfois une gageure complexe à transmettre lorsque le langage n'est plus commun. C'est là que le dialogue spirituel trouve sa légitimité. Il permet de passer d'un univers à l'autre, d'une culture et d'un langage à d'autres. Il est un échange existentiel, nourri, développé à partir d'un questionnement concernant le sens, l'identité, les valeurs et la transcendance.

La présence universelle de l'Esprit appelle à reconnaître l'homme spirituel en tout être humain. Ce dialogue met en jeu toutes les dimensions existentielles de l'individu et permet, sans les minimiser, d'apprivoiser les chaos de la vie, de la douleur, de l'épreuve, de la mort. Par des mots, des gestes, des regards, des silences, il instaure une sorte d'alliance par-delà les ruptures et les empêchements. Écoutons le père Jacques Leclerc évoquer l'enjeu de la croissance de l'homme spirituel dans le dialogue :

> Un autre chemin existe : le chemin de l'homme spirituel. Il s'est ouvert devant moi quand je suis

> parvenu à me formuler à moi-même de façon simple ma raison de marcher : laisser grandir en moi l'homme spirituel, le reconnaître et reconnaître ainsi en tout homme, un frère. Voilà bien la raison la plus importante d'une vie, en Chine, ici en France ou n'importe où ailleurs, dans la rencontre si difficile, si rare parfois des frères humains dans leurs diverses voies spirituelles, religieuses ou laïques, dans la solitude, le silence ou la fragilité de ma foi, de ma recherche tâtonnante de vérité, d'authenticité : laisser grandir l'homme spirituel. L'homme n'est spirituel que dans la rencontre, dans l'altérité, dans l'hospitalité, donnée et reçue de l'autre[1].

Le dialogue spirituel dont parle Jacques Leclerc, suppose des attitudes fondamentalement ouvertes pour penser l'accueil pour lui-même.

Laisser grandir l'homme spirituel en soi et en l'autre signifie se reconnaître en même temps semblables et différents mais frères. Le dialogue qui fait croître l'homme spirituel devient comme un lien naturel qui nous unit. Un rapport de réciprocité advient alors. Serge Baqué, abonde dans cette nécessaire écoute de l'être spirituel présent en chaque personne :

> Cette question du sens, ce n'est pas une question théorique ou abstraite. C'est une question charnelle. Quand quelqu'un est jeté dans l'énigme heureuse et douloureuse de la gestation, de la naissance, de la croissance, de la jouissance, de la souffrance et de la mort, c'est à partir d'un corps et de tout ce qui l'affecte. Et ce n'est pas seulement à l'hôpital, mais

1. LAC 246, 2008.

> partout, que des jeunes, des hommes, des femmes sont en quête d'un lieu où ils puissent être accompagnés dans leur recherche de sens. Pas un lieu où l'on donne les réponses du catéchisme ou de la spiritualité traditionnelle ni aucune réponse d'ailleurs, car en ce domaine toute réponse serait clôturante. Mais un lieu où chacun puisse devenir quelqu'un avec ses questions et les avatars de son existence. Chacun selon sa force et sa foi[1].

C'est ce que l'on peut deviner également dans le témoignage de Brigitte Monteil, kinésiologue, lorsqu'elle évoque son travail avec des patients :

> Je crois en les multiples visages de l'homme, en ses différentes facettes, et j'aime à les mettre en valeur. Permettre à chacun de se reconnecter à ses propres ressources et prendre appui sur ses axes de forces, plutôt que se laisser envahir par ses faiblesses et les tragédies de son histoire… C'est aussi le reconnecter à sa dimension spirituelle, quelles que soient ses convictions. Que chacun puisse sentir le vivant pulser en lui et qu'il puisse le vivre, l'exprimer et le partager[2].

Permettre à chacun de se reconnecter à ses propres ressources et à sa dimension spirituelle est une manière de trouver à nouveau du sens dans une vie, d'approfondir ce qui constitue son identité, de redresser la tête en s'arrachant à soi-même et ainsi se projeter vers l'avenir pour se redécouvrir à nouveau vivant.

1. LAC 150, 1991.
2. LAC 246, 2008.

Cependant, Brigitte Monteil évoque un autre aspect de ce dialogue spirituel, celui de la Croix. En effet, dépasser les tragédies de nos histoires signifie que nous ne sommes pas épargnés par les vicissitudes de la vie et qu'un dépouillement est toujours nécessaire pour se découvrir les uns les autres en vérité. Demeurer auprès de l'autre souffrant ne s'enseigne pas. Il faut souvent avoir soi-même surmonté ses propres blessures pour tendre une main qui relève et responsabilise l'un et l'autre. La profondeur du dialogue autour des dimensions existentielles de la vie humaine ne peut faire grandir l'être spirituel en chacun de nous que dans la mesure où il touche jusqu'à l'inconnu de ce qui nous fait marcher. Là où les mots manquent pour dire la foi, des membres de la CMDF expérimentent un dialogue spirituel dont la profondeur ne s'apprécie qu'à l'aune de l'Incarnation et de la Croix.

8

Vivre les basculements du monde

> La Mission de France fait partie de
> cette caravane de chrétiens qui,
> au prix d'une tension souvent très
> vive, au prix de l'incompréhension
> et parfois des condamnations et des
> ruptures, ont choisi de vivre l'ouverture,
> d'assumer leur temps avec ses ambiguïtés,
> de mêler leur espérance aux espoirs de l'humanité[1].

Le monde est parcouru de multiples basculements et bouleversements : sociétaux, anthropologiques, écologiques. En France, l'effacement de la matrice catholique et du sentiment d'appartenance à une majorité pour passer au statut d'une minorité génère un certain désarroi parmi des fidèles. Le bouleversement de la structure familiale avec l'évolution du sens du mariage, l'augmentation du nombre de divorces, l'apparition des unions entre deux hommes ou deux femmes interroge à frais nouveaux la place de l'altérité et de la transcendance. Le sens du collectif disparaît.

---

1. Texte de Jean-Marie Ploux, AMDF, 1985.

L'individualisme et l'hyperconsommation font imploser les cadres culturels communs. Le réchauffement climatique avec ses incidences sur les équilibres fondamentaux de la vie entraîne des migrations partout dans le monde et l'intelligence artificielle transforme les capacités humaines. Des dialogues exigeants et sincères sont menés et la réflexion éthique accompagne ces perspectives de changements. De formidables opportunités de développement pointent. Au cœur des défis où se construit le monde présent, la Communauté Mission de France porte une inquiétude missionnaire : « Le Fils de l'homme, quand il viendra, trouvera-t-il la foi sur la terre ? » (Lc 18, 8). Pour maintenir accessible la proposition de la foi dans ces basculements et mutations, lutter contre l'effacement même de la mémoire du Christ dans le monde contemporain, l'ouverture d'esprit et l'espérance sont la condition d'un dialogue avec tous, en particulier avec d'autres croyants.

Christophe Roucou, prêtre de la MDF, évoque les enjeux du dialogue interreligieux en ces termes : conjuguer identité et ouverture, identité et altérité, respecter les identités religieuses de chacun et dans le même temps développer suffisamment de valeurs communes pour construire ensemble la vie sociale[1]. Il s'agit de promouvoir une vision universelle de l'homme, tout en faisant droit aux particularités. Dominique Fontaine, responsable de la paroisse de Bussy-Saint-Georges en Seine-et-Marne témoigne de cette ambition. Pour lui, la démocratie rime avec amitié et découverte mutuelle : « Lors d'un concert en 2015, les musulmans étaient

1. LAC 278, 2015.

d'accord pour venir à l'église, mais ne comprenaient pas qu'on puisse y faire un concert de musique non religieuse. Mais depuis lors, ils se sentent comme chez eux dans l'église. Les paroissiens entrent dans la mosquée comme chez des amis. » On perçoit ici le déplacement d'une certaine assignation du sacré. Les premières années, quand il était invité, le rabbin restait à la porte de l'église, mais le dimanche après l'assassinat du père Hamel en 2016, il est monté spontanément dans le chœur pour délivrer un message de paix. Avec les bouddhistes, les chrétiens ont appris à s'incliner les mains jointes avant de se serrer la main. Depuis la crise de la covid 19, ce mouvement est devenu le geste de paix à la messe. Ainsi, la compréhension mutuelle, le sentiment d'appartenir à une même communauté de destin progressent par tous ces actes de la vie quotidienne. Nous percevons ici l'amorce d'un changement de paradigme missionnaire. Le dialogue avec les autres croyants se fonde sur un théocentrisme qui permet de prendre au sérieux le pluralisme religieux. L'enjeu est de trouver le bon niveau théologique de la rencontre. Une vigilance doit s'exercer de manière à ne pas faire de Dieu un simple concept commode. Sans angélisme, les migrations peuvent être de véritables chances de transformations de notre rapport à Dieu et aux hommes.

Le monde scientifique et industriel est également un lieu où se confrontent les enjeux de société et la question de Dieu. Comment peut-il se développer en lien avec la promotion de l'homme partout dans le monde et pas seulement en vue d'une plus grande rentabilité financière ? Goulven Inial, ingénieur dans une multinationale et membre de la CMDF de Chambéry, s'interroge en ces termes :

> Je suis convaincu que les entreprises peuvent produire de la richesse de multiples façons, je constate quand même qu'elles ne savent souvent la mesurer que financièrement. Cette réduction de l'ensemble des contributions de l'entreprise à ce plus petit commun dénominateur m'a plusieurs fois amené à me questionner sur ma propre logique dans la réalisation d'une mission : suis-je réellement en train de promouvoir des solutions innovantes, ou suis-je simplement en train d'améliorer l'indicateur financier qui sera utilisé pour mesurer le déploiement de ces innovations[1] ?

Le déploiement de multinationales motivées davantage par la recherche du profit que par le développement des peuples est une question à prendre en compte. Plus largement, les chrétiens doivent-ils participer à ces organisations économiques ? Comment la foi chrétienne peut-elle être une force de libération pour les peuples sous le joug de pouvoirs corrompus ?

Participer à ces combats avec d'autres est essentiel car il s'y joue quelque chose de la foi. Le père Jean-Marie Ploux, ancien vicaire général de la MDF, le rappelle : « Beaucoup de ces pays sous-équipés, surexploités, ont besoin d'une collaboration fraternelle pour remonter le lourd handicap qu'a fait peser sur eux la colonisation et pour forger les armes de leur libération. L'avenir de la foi implique que l'on dépasse les catégories culturelles

1. LAC 289, 2017.

dans lesquelles elle est trop souvent figée[1]. » Ainsi, la surexploitation des terres et des hommes provoque de nombreux scandales écologiques. La manière de s'engager là-bas peut déplacer la manière de croire ici, en nous permettant de mieux comprendre théologiquement la place de l'homme, serviteur de la Création. À l'instar du pape François qui associe le cri des pauvres à celui de la planète, la CMDF se mobilise dans cette écologie intégrale. Chantal et Olivier Capon mais aussi Bruno et Sylvie Chaveron sont engagés dans une écologie d'espérance, de liens et d'ouverture aux pauvres :

> Nous souhaitons mutualiser, croiser et interroger nos modes de vie, pour mieux accueillir, partager avec d'autres, et nous enrichir. Cette aventure sans feuille de route consonne intuitivement avec une nécessité de notre temps : plus de sobriété pour plus de partage et de liens entre tous, notamment avec les plus isolés. Le monde ne peut durer sans un changement de nos modes de relation aux périphéries. C'est ce que nous tentons de mettre en chantier, très humblement[2].

Pour être durable, cette écologie liée à l'Évangile suppose un réel enracinement dans une terre, un voisinage mais aussi une capacité à se laisser bousculer pour aller vers un avenir commun avec ceux laissés trop souvent sur les marges. Participer à ce changement que nous voulons voir dans notre monde.

Enfin, le continent du numérique comporte lui aussi son lot d'interrogations et constitue un bouleversement

1. BLF 4, 1976.
2. *Parole(s). Le magazine de la CMDF*, n° 18, 2020.

dans les rapports entre les êtres et les peuples. Des fossés se creusent entre catégories sociales et générationnelles de femmes et d'hommes. Guillaume Roudier, prêtre de la MDF et technicien dans le numérique, évoque quelques questions :

> Quels sont les impacts de cette évolution numérique sur le bien-être personnel et collectif, sur l'emploi, sur la distribution des revenus, sur la cohésion sociale ? À travers ces questions, il s'agit, non pas de nier les fractures déjà existantes ou de préprogrammer une nouvelle réalité, un nouveau code génétique pour une humanité numérique, il s'agit de penser une mission « mise à niveau » dans la société d'aujourd'hui et celle de demain : se former pour être sujet de ce qui advient et non objet d'une mutation[1].

Les bouleversements du monde préoccupent l'Église. Un regard positif mais prudent sur ces transformations sociétales est indispensable afin que soit portée l'inquiétude de la foi au cœur de ce monde. L'objectif est de rendre l'homme sujet de ces basculements, de s'y mettre « à niveau », de s'y adapter.

1. LAC 289, 2017.

9

Le Christ aventuré

L'Évangile sera entendu aujourd'hui
si des disciples du Christ,
cherchent à le vivre là où l'humanité se
construit et là où elle est en péril.
Parce que tous sont porteurs de paroles de Dieu
pour l'homme et signes de son Esprit,
cette foi ne peut être vécue et exprimée
que dans des existences partagées
avec tous, une écoute de tous,
un dialogue avec tous, un service de tous[1].

COMMENT vivre, comprendre et exprimer la foi chrétienne lorsque la mission même de l'Église nous conduit à le faire en des cultures et des idéologies qui lui sont étrangères ? La CMDF porte cette question et tente de vivre là où l'humanité se construit, là où elle est en péril, là où se joue l'avenir de l'Évangile.

Pour aventurer le Christ, elle risque sa foi dans des univers et des conditions historiques et culturelles

1. *Manifeste de la Communauté Mission de France*, Pontigny, 18 août 2002.

toujours nouvelles. Risquer et se risquer ne traduit pas une velléité de partir en mission sans boussole ni repères. La CMDF s'appuie sur la tradition missionnaire de l'Église et son expérience sur le terrain. Ni la foi ni la théologie ne peuvent définir les tâches et responsabilités de ses membres à partir de critères seulement ecclésiaux.

Aujourd'hui, la CMDF aventure le Christ à travers de multiples compagnonnages : mariage, vie de couple, famille, marche côte à côte avec des personnes en quête spirituelle tous azimuts, philosophique sans attache particulière avec l'Église. Attentive à la vie familiale où se joue la transmission de la foi, l'Église fait du couple et de la famille un signe du projet divin pour l'homme et la femme. L'ensemble des dimensions de la conjugalité est valorisé. Cependant, l'idéalisation de la forme traditionnelle de la famille demeure. Or l'ordre naturel articulé à un ordre biologique et symbolique est remis en cause par nombre de nos contemporains. Maryno Bodinier, conseillère conjugale en retraite et membre de la CMDF, exprime cet écart entre la vie réelle des gens et le discours ecclésial :

> Je mesure le gouffre entre ces histoires de vie et le discours chrétien, ou plutôt catholique, sur le mariage : les quatre piliers du sacrement – liberté, fécondité, fidélité et indissolubilité. Que dire à un couple qui choisit de ne pas avoir d'enfant ? Que dire à celui qui traverse une phase d'infidélité ? Que dire à un couple homosexuel qui n'est pas compris par ses proches ? Ou à celui qui choisit la séparation ? Dans mon approche,

> je n'ai pas à poser un avis tranché mais à entendre profondément ce qui se joue dans la recherche d'un couple qui vient déposer son histoire. Je découvre que dans ce qui se cherche, se balbutie ou parfois se crie, la vie se fraye un chemin ; je crois qu'il y a là mystérieusement une semence. Et si, plutôt que de vouloir annoncer une « bonne nouvelle », je reconnaissais là des germes de l'Esprit ? Véritable retournement[1].

Une conversion du regard est à opérer, des mentalités à faire évoluer, des pratiques à changer pour qu'un véritable chemin de croissance se réalise pour ces personnes en attente d'une parole.

Pour aventurer le Christ, la CMDF cherche à sortir du prêt-à-penser moral et à entrer dans un chemin de dialogue, de compréhension et de vérité. Comme le rappelle le pape François, une forme d'intégration est nécessaire pour que tous entendent une parole vivante. C'est la logique même de l'Évangile. Théophile, enseignant en Chine, évoque cette confiance que lui accordent certains jeunes lorsqu'ils se sentent écoutés en profondeur et aimés pour ce qu'ils sont :

> Je retrouve cela dans le dialogue avec des étudiants qui viennent me confier des choses intimes de leur vie, difficultés, homosexualité ou autre. Faut-il chercher la mission ailleurs ? L'essentiel n'est-il pas de rejoindre les autres dans leur vie intérieure, leurs questionnements, leurs recherches, dans ce qui fait le meilleur d'eux-mêmes. Ce n'est pas anodin si l'un ou l'autre vient nous trouver pour l'oreille que nous cherchons à être.

1. LAC 301, 2019.

> Ils sentent aussi l'affection et l'amour qu'on tente de vivre[1].

Rejoindre l'autre sur le seuil de son jardin intérieur permet de sortir de soi pour se confronter à une altérité tout en l'encourageant à creuser davantage la compréhension de ce qu'il est.

Le Christ est aussi aventuré dans le chemin d'une obéissance à la conscience propre de chacun en accompagnant un itinéraire spirituel, une quête personnelle en se fiant au libre arbitre, la liberté de conscience, aux chemins particuliers que Dieu ouvre à certaines personnes. Ce sont des itinéraires où l'Église semble parfois ne tenir aucune place. La conscience comme lieu de la rencontre devient un vrai chemin. Le Christ peut être aventuré sur des chemins que lui seul connaît. Un ancien conseiller municipal de la ville d'Ivry-sur-Seine dans le Val-de-Marne en dialogue avec Dominique Fontaine, ancien curé de cette ville, témoigne de la posture des membres de la MDF dans cette manière d'aventurer le Christ dans la vie quotidienne des gens hors de l'Église :

> Depuis un moment, je me pose pas mal de questions. Tu sais que je suis communiste. Je n'ai pas été élevé dans la religion. Mais ma vie est fondée sur des valeurs qui sont proches de celles des chrétiens. J'aimerais trouver la source de ces valeurs. Est-ce que tu pourrais m'aider à lire la Bible ? Je ne cherche pas à prendre ma carte à votre Église, à adhérer à la religion chrétienne, je

1. LAC 289, 2017.

> cherche seulement à comprendre. Peut-être pour mieux me comprendre moi-même[1] ?

Ces personnes rencontrées sur des terrains dont l'Église est loin sont autant d'occasions de découvrir l'étendue de la mission et comment, en elles, le Christ par la volonté de Dieu nous aventure. Si l'apôtre Paul n'avait pas lui-même mis en œuvre l'appel du Christ à avancer dans des eaux profondes et incertaines, s'il était resté chez lui au lieu d'aller à la rencontre des « païens », sans nul doute, l'Église serait tout autre. Le monde aussi.

Enfin, la conscience doit être éclairée et se nourrir d'une réflexion et d'un « penser » au cœur des réalités du monde et des individus. Jean-Christophe Houot, prêtre de la MDF dans l'équipe « éthique, culture et foi », l'exprime en ces termes :

> Il ne s'agit pas de penser en ayant la prétention de déterminer ce que les hommes ont à faire, mais plutôt de penser pour mieux comprendre ce à quoi ils ont affaire. Il s'agit d'aider à discerner les enjeux réels auxquels les hommes, la société et le monde sont confrontés. Ce « penser » ne peut se réaliser en dehors des réalités du monde, bonnes ou mauvaises. Prendre le temps de discerner les réalités qui nous entourent, c'est peut-être, d'une certaine manière, aider notre monde à devenir libre. C'est une manière de dire à ceux que nous rencontrons : « Va, ta liberté, maintenant éclairée et raisonnable, t'a sauvé[2] ! »

1. Dominique Fontaine, *La foi des chrétiens racontée à mes amis athées*, Éditions de l'Atelier, Paris, 2006.
2. LAC 289, 2017.

Aventurer le Christ conduit parfois à privilégier la liberté comme un lieu de salut. En franchissant les seuils d'univers culturels pour passer vers d'autres, l'Église devient une Église en dialogue. En découvrant l'autre, elle se découvre autre.

10

L'Évangile aux païens

> N'oubliez jamais que si la Mission a été
> créée, c'est parce qu'un beau jour,
> dans l'Église, on a pris conscience
> du fait de la déchristianisation.
> Et ce fait consiste essentiellement dans le
> fait d'un mouvement de civilisation
> qui enfante une nouvelle manière d'être
> homme, et cet homme nouveau naît païen[1].

L'HOMME nouveau naît païen. Ce constat du père Augros est l'un des fruits les plus importants de l'engagement missionnaire des prêtres-ouvriers. Partis joyeux à la rencontre des personnes qu'ils pensaient sur le seuil de l'Église, ils comprirent très vite que leur mission serait plus complexe. Il ne s'agissait pas seulement de revivifier une conscience fraîchement déchristianisée mais bien de larguer les amarres, d'élaborer un nouveau langage pour rejoindre les compagnons de travail et de vie. Encore se trompait-on lorsqu'on qualifiait de « païens » les hommes de la société moderne,

1. LAC, juin 1952.

car les « païens », d'une façon ou d'une autre, étaient des êtres religieux. Or la société qui s'élaborait depuis le XIXe siècle était irréligieuse, ayant renoncé à trouver en Dieu un fondement à la vie personnelle et sociale. Les réactions à l'incendie de Notre-Dame de Paris en ont témoigné.

Comme on le sait, le 15 avril 2019, la cathédrale Notre-Dame subissait un incendie d'une incroyable ampleur. Le monde stupéfait vibrait à l'unisson de cet événement inconcevable. Du haut de ses quatre-vingt-seize mètres, la flèche de la cathédrale se tordait de douleur, s'affaissait et sombrait dans le néant. Le soir même, une pluie de dons financiers se mêlait aux lances à incendies des pompiers. Les grandes fortunes de France et du monde rivalisaient de promesses pour sa reconstruction. Des gens en prières se tenaient à proximité récitant des *Ave Maria*. D'autres plus loin, laissaient couler des larmes sur leurs joues d'incroyants et immortalisaient cette scène surréaliste par des selfies postés sur tous les réseaux sociaux. Sous le choc, et saisis par l'émotion commune, des représentants catholiques témoignaient sur les chaînes d'informations de la survivance du catholicisme : la ferveur du peuple parisien amassé sur les berges de la Seine en était pour eux le signe. Mais la communion qui étreignait les fidèles et les badauds montrait que Notre-Dame ne s'appartenait plus, elle était en réalité le patrimoine de la République. Avec l'effondrement de l'édifice, l'histoire de France menaçait de disparaître. Il semblait même que, pour l'incroyant, la destruction de Notre-Dame était plus effroyable que pour les gens de foi. Pour ces derniers, en dépit du drame, le royaume de Dieu, la communauté des hommes appelés par Dieu, dépassait un édifice qui n'en était que le signe. Aux autres, l'anéantissement de cette merveille de pierres rendait l'événement inacceptable en rappelant à chacun sa condition éphémère et mortelle. Paradoxalement, l'immense désolation de la France révélait la profondeur de son éloignement de la foi et son renoncement à toute transcendance. Lors de l'assemblée générale de la MDF en 1980, un rapport avait confirmé la disparition de ce monde chrétien :

> En France, on ne peut nier la montée lente et progressive, massive et silencieuse, de l'indifférence par rapport à l'Église. Il y a quelques décades encore, on avait pu croire que ce phénomène était localisable. Ainsi a-t-on parlé du mur qui séparait l'Église de la classe ouvrière. Aujourd'hui, il n'y a plus de mur, mais des intérêts purs et simples. C'est bien toute une civilisation qui se construit sans référence à l'Église et à Jésus-Christ. Ici, la chrétienté est définitivement morte. Force est de constater que les pratiques, les concepts, les visions du monde qu'elle nous a légués ne fonctionnent plus[1].

Quarante ans plus tard, les réactions à l'incendie de Notre-Dame apparaissent comme un enterrement en mondovision de la chrétienté française. Devant cette situation, il ne manque pas aujourd'hui de fidèles qui en imputent la responsabilité au concile Vatican II et préconisent un retour au concile de Trente. D'autres, dont la Communauté de la Mission de France, pensent au contraire que ce Concile nous a libérés d'une certaine

1. LAC 81, 1980.

suffisance, rouverts au dialogue (Paul VI), engagés dans une action commune pour la vie et la survie de l'homme, dans la force d'un Dieu faible mais offert à tous. L'Évangile peut être annoncé aux hommes de notre temps par l'Église toujours vivante. Telle est la profession de foi de la CMDF.

Un autre signe du monde « sans Dieu » nous est donné par la théorie de la collapsologie qui, poussée dans ses limites, préconise un monde « sans l'homme ». Ses défenseurs en effet théorisent un affaiblissement de l'homme pour sauver le monde. Ils voient dans les dérèglements climatiques, l'épuisement des ressources, la disparition de la biodiversité, la surpopulation humaine et les chocs des cultures de plus en plus totalitaires l'effondrement d'un modèle de développement. Nadezhda Dobreva, étudiante dans une école de commerce, définit ainsi cette conception de l'écologie :

> De Greta Thunberg et ses Fridays for Future, en passant par les tribunes de scientifiques et de célébrités ou par les grèves mondiales pour le climat, on dit de plus en plus qu'une conscience écologique se développe. Certaines branches de ces mouvements vont de plus en plus loin, deviennent de plus en plus radicales, c'est-à-dire s'en prennent à la racine, en établissant un logos systémique qui s'essaie à relier tous les faits alarmants qui se présentent à nous pour offrir une théorie globale, la collapsologie[1].

1. LAC 304, 2020.

Cette pensée trouve un écho de plus en plus important en France. Elle révèle un pessimisme ambiant qui n'est en rien chrétien. Cette vision alarmiste du monde exprime l'idée naïve que, si on la laisse à elle-même, la nature en bonne mère fera les choses bien mieux que les hommes. Laissons-la faire et la vie trouvera son chemin. Derrière cette écologie militante s'édifie un paganisme vert. Paganisme qui fait de l'homme un vivant immanent au monde. La disparition de l'homme comme celle des dinosaures n'est plus qu'un possible parmi d'autres. Derrière cette idéologie de la collapsologie, nous pouvons retrouver son corollaire l'antispécisme qui considère l'homme comme un animal comme un autre.

C'est pourquoi, pour être crédible, l'Évangile annoncé à cet homme désespéré et désespérant doit articuler la question de l'écologie à celle du social. La terre que l'homme a tant malmenée ne s'en sortira pas sans l'homme. L'homme ne s'en sortira pas sans la terre. Le réseau élus-citoyens de la CMDF milite pour une écologie participative :

> Quand nous portons un projet, tel que la création d'un jardin partagé, une piste cyclable, un poulailler collectif qui peuvent être des lieux de rencontre, on peut décider de le lancer sans prendre le temps d'en parler, ou bien créer un collectif pour construire ensemble le projet pour que chacun y ait un rôle, la reconnaissance de sa dignité et ainsi grandir[1].

L'écologie portée par les membres de la CMDF est remplie d'espérance et de joie. En effet dans un

1. *Parole(s). Le magazine de la CMDF*, n° 18, 2020.

monde d'abondance, les plus fragiles sont au cœur de sa conversion. Avec eux, elle expérimente des liens de coopération pour plus d'équité et de force de transition de la société, par exemple dans les aumôneries de prison, dans l'expérience « Territoire zéro chômeurs », dans les engagements professionnels et associatifs… À travers toutes ces initiatives, la CMDF cherche à construire des relations fortes en se mettant à l'écoute des clameurs des pauvres et de celles de la terre.

Dans ce contexte, où l'équilibre de la terre et de l'humanité sont en jeu, la CMDF pose un signe d'une Église qui s'engage et se mouille, qui prend le risque de s'impliquer dans le mouvement de l'histoire, avec ses potentialités et ses incertitudes. Le signe d'une déconstruction, partout où il est possible, des relations et des traditions injustes pour y insérer l'appel de Dieu à la justice.

11

Une école pour la mission : un retour aux sources

> Ceux qui ont choisi de s'engager dans la mission sous les formes du partage de la vie et du travail, du « vivre avec », des engagements que cela entraînait, de la communauté de destin ont pris peu à peu conscience que les autres existaient avec leurs richesses[1].

TRAVAILLER à une nouvelle intelligence de la foi articulée à une volonté de rejoindre les foules paganisées de France, telle est l'audace missionnaire du cardinal Suhard. Face à ce nouveau défi, il fonde en 1941 avec les cardinaux et archevêques de France un séminaire qui prépare des prêtres à vivre la mission dans de nouvelles situations. Le cardinal ne se contente pas de constater la situation précaire de l'Église dans sa manière d'annoncer l'Évangile, il propose un processus de discernement, un dispositif pédagogique inscrit

1. LAC 211, 2017.

dans le temps long de l'histoire et dans la méditation du mystère de l'Église. Le cardinal Suhard refuse la posture de renoncement au monde, d'enfermement dans les sacristies pour subsister, de protection contre de supposées pollutions du siècle. Bien au contraire, il promeut une ouverture au monde en allant vers l'autre, en sortant de chez soi. Il veut former des prêtres et des laïcs pierres vivantes de l'Église tout en étant dans le monde sans être du monde, se mélangeant à lui pour y être ferment, parole, altérité. L'archevêque de Paris confie cette mission de formation au père Augros, supérieur du séminaire.

Le dispositif de discernement spirituel des signes des temps intègre la foi chrétienne dans l'histoire, dans la culture du temps. Ainsi, le séminaire prête une attention particulière aux sciences humaines comme la sociologie, la psychologie, l'anthropologie mais aussi les sciences politiques et les combats des pauvres, spécialement des ouvriers. Pour ne pas devenir simple humanisme, la rencontre avec le monde ouvre à une autre exigence : revenir aux sources de la Révélation. En effet, ce retour conduit à une nouvelle compréhension du message évangélique dépoussiéré de certaines contingences et des scories du temps. Plus profondément, la méthode employée procède par analogie pour comprendre comment à chaque basculement du monde, d'une époque à l'autre, des chrétiens en ont analysé les enjeux pour rendre audible et vivable l'Évangile du Christ. Le père Augros l'explique en ces termes :

> Si l'on veut annoncer Jésus-Christ aux hommes d'une autre culture, il faut, pour trouver la manière,

> faire un retour aux sources : c'est-à-dire voir comment la Révélation se présente à nous dans les différentes langues que parle l'Écriture. Au lieu d'enseigner d'une manière systématique une théologie considérée comme valable pour tous les siècles, nous devons imiter nos ancêtres dans la foi : c'est-à-dire les Pères de l'Église et saint Thomas lui-même. N'avons-nous pas, comme eux, à tenter d'insérer la foi, dans son authenticité, au sein de la culture ou des cultures de notre temps[1] ?

Le père Augros nous invite à voir comment la Révélation se présente à nous comme un texte vivant dans des contextes nouveaux et non comme la répétition stérile d'un discours figé. C'est ainsi que Thomas d'Aquin s'appropria la pensée d'Aristote devenue dominante en son temps, pour faire dialoguer la foi et la raison. La découverte du nouveau monde en 1492 par Christophe Colomb oblige l'Église à redéfinir sa catholicité, son universalité par la rencontre avec d'autres peuples et civilisations. Nietzsche, théoricien de la mort de Dieu, force les théologiens à libérer Dieu de l'être métaphysique et à le replacer dans l'impensable. Ainsi, chaque fois que l'Église intègre les questions du monde, elle se renouvelle dans sa raison d'être. Aujourd'hui, les neurosciences, la réalité augmentée, l'exploration du génome humain, la distinction entre sexe biologique et genre, l'écologie intégrale par exemple sont autant de lieux à explorer pour y inscrire la foi. Le *Manifeste de la Communauté Mission de France*, élaboré en 2002, témoigne de l'actualité de cette dynamique :

1. LAC 223, 2004.

> La mission comporte la nécessité d'interpréter la foi chrétienne en tenant compte de la diversité des cultures et du moment historique. Nous sommes devant ce travail à mener : oser des expressions théologiques assumant les conditions historiques actuelles. Il s'agit d'exprimer la foi que nous recevons de l'Église avec les paroles de vie que nous recevons des autres[1].

Une fois mise en lumière la dynamique de recherche théologique du séminaire voulu par le cardinal Suhard, évoquons la posture spirituelle qui permet ce travail d'intelligence de la foi. C'est celle de Thérèse de Lisieux lorsqu'elle confesse n'avoir toujours cherché que la vérité. En effet, seule la recherche de la vérité permet au chercheur authentique d'aller au cœur des choses, d'en comprendre la nature, de discerner l'invariant du conjoncturel. Il ne procède pas par accumulation de savoirs et de connaissances mais par authentification, ce qui passe nécessairement par une étape de dépossession de soi. Le chercheur de vérité à la suite de Thérèse reconnaît son manque, sa fragilité, ses limites mais aussi son péché. Le père Xavier Debilly, prêtre de la MDF, évoque cette posture spirituelle propre à cette recherche :

> Vivre en chrétien ce serait comme essayer de faire honnêtement et sérieusement l'expérience de la vie humaine. Ne pas partir de réponses toutes faites mais chercher le sens des choses. Ne pas se croire possesseur et maître de la vérité, mais l'accueillir comme venant

1. LAC 218, 2003.

> d'un autre, attentif aux signes de l'Esprit à l'œuvre dans le monde. Dans cette perspective, la vérité ne serait pas tant dans l'objet que l'on possède pour de bon que dans l'attitude même de cheminement, de recherche[1].

Chercher humblement la vérité à l'école de Thérèse et de la Mission de France consiste à permettre à chacun de trouver sa place dans l'Église, d'annoncer l'Évangile à partir de ce qu'il est et de creuser son questionnement en l'irriguant des expériences des sœurs et des frères d'Église et du monde. Armelle Dhalluin qui a suivi un parcours de formation avec la CMDF témoigne de cette disposition d'esprit :

> La foi me posait peu de problèmes pour la vivre au milieu des paroisses et des croyants mais juste des problèmes pour convaincre, la transmettre, l'argumenter, la présenter, la justifier, la dire dans des cercles de non-croyants. J'ai ainsi appris que la lecture de la Bible en groupe n'est jamais anodine. J'ai appris à respecter la plus petite question, appris à respecter mes résistances et mes refus. Là où il y a nœud, il y a souvent un point-clé de la foi. J'ai surtout trouvé des amis de partage et de chemin[2].

Un des défis dans notre société contemporaine marquée par de profonds et rapides bouleversements dans le rapport au temps, à l'espace, au langage, consiste à permettre à des chrétiens de se construire comme sujets

1. LAC 223, 2004.
2. *Ibid.*

de leur vie spirituelle, les aider à devenir les auteurs de leur propre vie. Chercher un chemin, une vérité, une vie pour faire Église et proposer ensemble la foi sans jamais détourner son regard des interpellations du monde.

12

L'obéissance au réel

Les prêtres du clergé séculier doivent
considérer comme une
indication providentielle
tout ce qui gravite autour d'eux,
toute cette pâte humaine à laquelle ils
sont mêlés, tout ce milieu providentiel
qui est par le fait même un milieu divin[1].

Contemporaine de Marx, Nietzsche et Freud, Thérèse de Lisieux a vécu une expérience spirituelle déterminante pour l'Église d'aujourd'hui. La jeune carmélite, missionnaire au cœur de sa clôture monastique s'est laissé imprégner par la vie des personnes de son siècle. Contemporaine de la culture positiviste et anticléricale de son temps, elle a vécu la nuit de la foi. Le temps où elle jouissait d'une foi si vive, si claire, que la pensée du Ciel faisait tout son bonheur a disparu à tout jamais. Ce néant de la foi dans laquelle elle est plongée, loin de la démobiliser, la rend paradoxalement

1. Louis Augros, « Obéissance au réel », lecture spirituelle, AMDF, 1944.

plus forte. En effet, elle y discerne un appel de Dieu à la conversion, à une purification intérieure, à une rencontre fondamentale avec l'humanité telle qu'elle est : libre, autonome et responsable.

Chercheuse de vérité, Thérèse a obéi au réel qui l'entourait. Cette obéissance l'a conduite à emprunter le chemin des hommes qui façonnaient déjà le XXe siècle à venir. Dépassant le monde des apparences, elle a vu juste. Elle a jugé le monde et l'Église avec réalisme. Elle s'est insérée et a agi dans la patience de l'histoire. L'obéissance au réel l'a rendue d'une incroyable présence et, par elle, a ouvert aux chrétiens des chemins libérateurs. En effet, cette obéissance au réel l'a poussée à découvrir la portée de l'athéisme du monde moderne refusant Dieu ou l'ignorant. Or cette expérience d'un monde sans Dieu fut aussi celle de son âme doutant de l'existence de Dieu. Dans cette nuit de la foi, elle mit ses pas dans ceux du Christ pour poser la question de Dieu au niveau le plus juste, celui de la vie ordinaire de tant de nos contemporains. Ainsi, lorsque le cardinal Suhard a voulu joindre cette expérience missionnaire existentielle de Thérèse à celle des membres de la Mission de France, il a prophétisé ce que des millions de personnes à travers le monde vivraient, une nuit du néant où l'Esprit seul guide à travers le réel de la vie.

À la suite de Thérèse, dans la même obéissance au réel, les prêtres de la Mission de France ont été touchés au cœur et ils sont devenus ouvriers ou paysans, non par stratégie, mais par amour. L'Esprit a soufflé à l'oreille du père Augros la vérité suivante : l'essentiel est que le prêtre soit décidé à établir entre le peuple et lui, une réelle communauté de destin, à l'exemple du Christ prenant sur lui toute la condition humaine. Il doit consentir à tous les dépouillements nécessaires, ne pas faire une « expérience » mais vouloir s'enraciner, comme le grain de blé en terre. Le père Jean-Marie Ploux souligne en quoi le courage de ces prêtres à obéir au réel de la vie des pauvres, des exploités, des exclus pour y poser la question de Dieu a radicalement modifié l'Église :

> Nous avons été envoyés par l'Église, mais c'est de l'histoire tissée avec ceux qui sont devenus nos compagnons que nous avons appris la signification de la grâce propre selon laquelle nous sommes appelés et la portée de cet envoi. L'obéissance au réel est une obéissance à l'Esprit Saint. Les prêtres-ouvriers ont engagé bien plus qu'eux. Ils engagent une autre manière d'être prêtre dans la mission et, partant, une autre manière d'impliquer l'Église dans le monde, sur fond de partage et de dialogue[1].

Partager et dialoguer, c'est obéir comme Thérèse assise à la table des pécheurs, mangeant un pain amer en communion avec eux. Partager et dialoguer, c'est obéir au réel en prenant au sérieux les questions des femmes et des hommes non forcément pour y répondre, mais pour y entendre le tragique de l'existence. Partager et dialoguer, c'est voir l'Évangile en actes pour aujourd'hui. La diversité et la singularité de l'être humain dans sa culture, sa religion, sa foi, son incroyance, ses espérances et ses crucifixions trouvent ainsi leurs places dans le plan de Dieu. Par ce mouvement de partage et de dialogue, ces prêtres passent

1. LAC 150, 1991.

d'un esprit de reconquête d'une France déchristianisée à celui de bâtisseur d'Église dans une France païenne. Ainsi, la catégorie de l'obéissance au réel est un art de vivre le moment présent en pleine conscience. Il ne s'agit pas de présenter à Dieu dans la seule prière, un monde imaginaire mais la vie des hommes telle qu'elle est. S'immerger dans le réel, c'est entrer dans un pragmatisme, un sens des signes des temps qui permet de lire la présence et l'action de Dieu dans le monde. C'est ce que préconise aujourd'hui encore la CMDF par son insistance à évoquer une dynamique d'incarnation de l'Évangile dans les actes de la vie quotidienne. Elle manifeste sa volonté radicale de se placer prioritairement du point de vue de la vie et non des institutions. Il s'agit d'obéir en équipe, en Église aux appels divins inscrits dans les faits et ainsi de se tourner résolument vers l'avenir sans peur ni regrets.

Cette implication de l'église dans le monde par le partage et le dialogue est authentifiée par le concile Vatican II. Le père Jean Deries évoque la reconnaissance par le Concile de la diversité comme clé de compréhension de la parole de Dieu :

> Nous découvrions par le Concile que notre diversité et la diversité de nos pays de mission, de nos solidarités étaient la clé même de compréhension de la parole de Dieu. Nous avions à passer les uns par les autres pour mieux comprendre ce que pouvait être l'Évangile aujourd'hui. Le Concile se faisait proche du destin humain, social, économique ; se souciait de la paix, d'un monde respectant chacun, chaque communauté. C'était notre volonté d'enraciner la

> parole de Dieu dans des dimensions très concrètes de la vie de l'homme qui nous était renvoyée. Là encore, quelle reconnaissance foncière de nos orientations, vers les pauvres, vers les autres. Enfin, le Concile faisait du neuf, le Concile appelait à libérer l'esprit de création[1].

Le concile Vatican II décille nos yeux. Nous voyons l'homme différent. L'Église nous révèle que nous avons beaucoup à recevoir de lui. Il n'est pas un lointain mais un frère sur le chemin. Élisabeth Cadilhac, membre de la CMDF, évoque cet amour du réel comme principe directeur de vie spirituelle. Elle, qui a tout quitté pour vivre une vie d'ouvrière parmi les ouvrières, exprimait en ces termes la profondeur de son désir de mourir comme un grain de blé jeté en terre :

> J'ai le désir de finir mes jours à Gennevilliers où je vis en équipe depuis que nous avons été envoyées en mission, il y a bien longtemps. Y finir mes jours comme les gens simples et pauvres que je côtoie. En foyer logement, en maison de retraite, à l'hôpital de long séjour, je ne me pose pas la question. J'essaie de vivre le moment présent, disponible à l'Esprit[2].

Ainsi, obéir au réel n'est rien d'autre que vivre le moment présent tout irrigué par l'Esprit.

1. *Ibid.*
2. *Ibid.*

13

De l'impossible mission ?

> En Chine, la vérité, le mensonge,
> restent un problème majeur.
> Beaucoup disent qu'ils ne croient à rien,
> certains disent qu'ils croient au parti,
> et chez les jeunes qu'ils croient en eux-mêmes.
> J'en ai aussi entendu me dire qu'ils
> croyaient à la vérité. Occasion de creuser
> parfois un dialogue qu'on aimerait poursuivre
> pour enfin parler de ce qui nous
> fait vivre ou de ce qui nous manque terriblement[1].

CEUX qui sont envoyés en mission par l'Église ne choisissent ni le terrain de leur mission ni les compagnons qui leur seront donnés sur une route qu'ils ignorent. Comme Abraham, ils partent vers cet inconnu qui leur révélera sans doute la face inconnue de Dieu.

La MDF peut envoyer des équipes en réponse à des évêques qui font la demande explicite d'une équipe de

1. THÉOPHILE (nom d'emprunt), « Nos compagnons de route », AMDF, juillet 2005.

missionnaires pour une présence dans un lieu précis du diocèse, une réalité professionnelle et industrielle en développement. Parfois, elle détermine elle-même des chantiers missionnaires avec des enjeux particuliers pour l'Évangile. Des envois en mission font aussi suite à des rencontres, des interpellations personnelles de l'un ou l'autre. Ce type d'envoi ne s'adresse pas à des aventuriers mais à des personnalités profondément intuitives et structurées. Ouvertes à l'inattendu des événements, elles s'adaptent plus facilement aux besoins et aux réalités du terrain et des gens. Les paroles ne comptent pas pour elles, seuls les actes font sens. Au sein de la MDF, nombreuses sont ces personnalités qui ont enrichi l'Église par leur audace à aller là où peu y songent comme Théophile, prêtre missionnaire dans les bâtiments et travaux publics, puis en Terre Adélie hier, en Chine aujourd'hui, terres contrastées. Même si l'intuition dans l'expérience missionnaire a toujours tenu une place infime, elle est cependant essentielle. La mission a souvent commencé par les marges pour embraser ensuite le cœur de l'Église. En effet, l'Esprit contourne parfois les institutions et les traditions pour construire du neuf. Les conditions de la mission en Chine demeurent complexes. Elles prennent en compte les questions de la liberté, de la vérité et de l'ouverture à l'événement qui s'inscrit dans la durée.

La première condition propice à permettre un dialogue avec une femme ou un homme de Chine est la liberté. Pas d'annonce possible sans l'émergence d'une liberté pour entendre et accueillir une parole différente. Écoutons Théophile évoquer cette notion de liberté intérieure pour s'ouvrir à l'altérité :

> Un jour, un ancien étudiant chinois revient et partage son expérience vécue en France avec les nouveaux étudiants. Voyant qu'il ne veut pas revenir en Chine, qu'il veut poursuivre sa vie en France, une de ses interlocutrices finit par lui poser la question : « Pour quelle raison tu tiens tant à rester en France ? La famille, le pays, ça ne te manque pas ? » Il mesure ses mots et dit : « Est-ce que je peux dire ce que je pense ? » Un ange passe, et une des responsables du département finit par dire : « Oui, bien sûr. » Alors sans hésiter, il lance : « La liberté ! » Il a trouvé un trésor[1].

En Chine comme ailleurs, la liberté est un trésor. Des visages et des cœurs impénétrables qui parfois obturent toute perspective d'annonce peuvent s'ouvrir. Si la question de la liberté est posée régulièrement, elle semble toujours soumise à condition. Est-il possible de parler librement se demandent-ils les uns aux autres comme s'ils attendaient une autorisation pour être en vérité avec soi-même, les autres, le monde. La responsabilité du missionnaire est d'ouvrir des fenêtres sur le monde, jetant un trouble dans le silence et provoquant une parole vraie. Travailler à la libération intérieure des personnes est une condition essentielle pour que germe en Chine une graine d'Évangile. L'acte missionnaire libérateur est peut-être tout simplement de troubler le silence. Le silence de mort qui étreint certains cœurs en Chine.

La deuxième condition nécessaire pour construire une relation de confiance est l'ouverture à une vérité. Une vérité qui brise le miroir. Celui-ci ne fait que refléter mais ne permet jamais de traverser le monde

1. *Ibid.*

des apparences, de se plonger dans le réel. Ce reflet empêche de révéler ce que l'on est intimement, et d'entrer dans une temporalité de la relation. Ainsi, avant de parler de la foi, de l'espérance, de Dieu, il est nécessaire de savoir devant qui nous sommes : un visage miroir ou un visage qui parle. Est-ce une personne qui nous regarde ou un masque qui nous jauge ? Ainsi, une étudiante chinoise demande ce qu'est le mal pour un chrétien. Sans doute une réponse qui se voudra théologique peut-elle être avancée, mais répondra-t-elle à l'inquiétude ou à l'angoisse de cette jeune femme qui interroge ? L'écoute oblige à comprendre pourquoi la question du mal la bouleverse. L'écoute prolongée et bienveillante permet à cette étudiante d'évoquer à mi-voix son trouble d'être homosexuelle. Entrer dans une vérité, on le voit, permet de faire face à une culpabilité, une impossibilité à parler de soi y compris à ses meilleures amies. En Chine, on ne se dit pas les uns aux autres. Le concept de logos portant la notion même de vérité n'existe pas.

Ainsi, l'essentiel est de rejoindre les personnes de Chine dans leur temporalité, leurs vérités, leur authenticité. Telle est cette seconde condition qui permet d'oser être soi. La mission dans les lointains ne peut résulter exclusivement d'un projet pensé, écrit et planifié. Elle est de l'ordre de l'événement qui vient. L'Esprit oblige le missionnaire à se tenir toujours prêt pour saisir au vol le visage de l'un ou l'autre pour y déceler une ouverture possible, troisième condition qui fait du missionnaire un poète sculptant les silences :

> C'est par la porte étroite du quotidien qu'il nous faut entrer, mais elle n'est encore qu'entrouverte. Pour se livrer jusqu'à l'intime, il y a des couches profondes qu'on n'a pas encore atteintes, on ne les voit pas, enfouies qu'elles sont sous des siècles d'histoires ou des décennies de silence. Nos amis ne les voient pas non plus d'ailleurs, puisqu'ils cherchent en dialoguant avec nous à redécouvrir leurs racines, à se retrouver, ou simplement à se confier parce qu'on est la seule personne avec qui ils peuvent discuter, privilège de l'étranger qui accepte de se faire une oreille accueillante et sans jugement[1].

Le missionnaire de la MDF en Chine est d'abord une oreille, juste une oreille, un silence attentif à une parole, à la Parole. Une oreille qui écoute, une oreille qui donne de la vie, une oreille vivante. Ainsi, ce qui importe pour les Chinois n'est pas tant ce que l'on dit que ce l'on vit. Ils nous veulent vivants. Parler de soi alors que généralement on ne parle que de ce qui ne montre qu'une face. Pour en arriver là, il faut passer du temps, parfois à ne rien faire pour se rendre disponible à ces mots qui ne viennent que lorsqu'ils sentent qu'ils peuvent se livrer sans masque. En effet, le fil est tendu vers cette rencontre tant espérée, ce partage humain et spirituel attendu. Le cheminement ensemble sur des routes sans repères, parfois désertiques, est crucifiant. Sans banc pour se reposer des solitudes profondes et des errements. Pour la grande majorité des Chinois, il n'y a pas de Dieu. Nous sommes comme des veilleurs dans la nuit. Parfois, dans les espaces entre les mots

1. LAC 239, 2007.

surgit un appel à demeurer. Comme lorsqu'une amie chinoise murmure à Théophile : « C'est bien ce que vous faites » ; « Les Chinois vous voient vivre et ça suffit[1]. »

1. *Ibid.*

14

Frères du chemin

> C'est en partageant la vie des pauvres
> ou du moins en acceptant
> d'être soumis aux mêmes déterminations
> économiques, sociales, culturelles,
> que l'on a quelque chance
> de voir le monde sous son jour
> véritable et que l'on découvre
> la portée réelle de l'Évangile[1].

La voie musulmane est aussi une voie qui plaît à Dieu. Cette conviction de Jean-Marie Lassausse, prêtre de la MDF qui a pris soin de l'exploitation agricole de Tibhirine après l'assassinat des moines en Algérie, est une inspiration profonde de la Mission de France en pays musulman. Cette reconnaissance de l'islam comme une religion aimée de Dieu a conduit à un mode de présence forgé par l'expression simple, bienveillante et spirituelle de « frères du chemin ». Ils ont mis en œuvre une manière singulière de rendre

1. LAC 280, 2017.

présent le Christ dans la rencontre et le dialogue avec des non-chrétiens. Comme le signale le père Lassausse :

> Pour que la parole circule, à hauteur d'homme, d'égal à égal, il faut qu'il y ait acceptation du chemin de l'autre. Le chemin de l'Église d'Algérie est un chemin d'Emmaüs. Je fais route avec quelqu'un, et parfois je ne sais pas qui est avec moi. Ce peut être un autre, un musulman, qui va ouvrir pour moi, sans le savoir, les Écritures[1].

Croire qu'un disciple d'une autre religion peut interpréter pour nous les Écritures est une ouverture spirituelle : la reconnaissance des semences de Dieu en chaque homme et chaque peuple. En effet, le monde n'est pas un désert spirituel. Cette présence de Dieu à l'œuvre ne peut se contempler que dans un compagnonnage, une amitié, un dialogue, une confiance. Ainsi, il est nécessaire d'entrer en vérité dans une relation de foi élargie. En Égypte par exemple, cette rencontre des personnes se fait dans une grande simplicité. Des membres de la MDF découvrent que non seulement nous avançons en fraternité en cheminant ensemble, mais plus encore nous ouvrons ainsi des chemins nouveaux. La dynamique spirituelle du cardinal Suhard évoquant le courage dont doit faire preuve le missionnaire apparaît : il faut savoir risquer sa foi dans des contrées lointaines et inconnues pour y rencontrer le Christ et l'Esprit à l'œuvre dans les conditions de vie mêmes des personnes.

1. Jean-Marie LASSAUSSE, *Le jardinier de Tibhirine*, Bayard, Paris, 2010.

Jean-Marie Ploux, qui fut envoyé comme prêtre en Égypte, confirme cette dynamique du risque. « C'est un article majeur de la tradition de la Mission de France : on ne connaît vraiment que ce que l'on éprouve de l'intérieur, ce qui passe par le corps. Et c'est pour cela que nous avons partagé la condition ouvrière, le travail, l'habitat, la vie quotidienne de ceux dont nous avons reçu vocation à devenir les frères[1]. » Ainsi, le choix de recevoir un salaire correspondant au salaire moyen du travailleur égyptien est un signe clair de cette volonté de vivre dans les mêmes conditions que lui. Être frère du chemin, c'est d'abord entrer en vérité avec celui qui nous accompagne, vivre de la même vie que lui et voir apparaître alors un chemin vers Dieu dans le chemin avec lui. Cette révélation est le fruit spirituel de cette audace missionnaire. En effet, on ne comprend sa propre foi que par la manière dont on la vit. L'autre est mon chemin. L'origine de cette expression « frère du chemin » permet d'en comprendre la profondeur spirituelle. L'idée du chemin a émergé en méditant la sourate 2, verset 177 du Coran qui évoque le « voyage ». Le voyageur y est nommé : « le fils du chemin ». Les prêtres de la MDF, poursuivant leur lecture du livre sacré de l'islam et accompagnés par un évêque copte catholique, ont compris la sourate 24, verset 22 comme parlant d'un « émigré dans le chemin de Dieu ». Le Coran offrait à ces envoyés chrétiens leur lettre de mission. La ligne spirituelle se dessine lentement et prend la figure du « chemin de Dieu » où marchent des émigrés, des voyageurs. L'expression

1. LAC 280, 2017.

« frère du chemin » naissait sous la forme d'un appel. Le dialogue d'hospitalité devient la voie de ces « frères du chemin » en pays musulman. Un jeune musulman, fils d'un ami du père Jobic Kerlan, prêtre MDF en Algérie, explique la nature de ce dialogue d'hospitalité qui unit des gens de confessions différentes : « Dans ma famille, nous avions dépassé le dialogue avec Jobic pour aboutir à l'affection. Tout ceci ne pouvait relever que de la foi. Seule la foi permet de transcender les différences, permet d'aimer son prochain car l'amour, comme la vie sont des dons de Dieu[1]. »

Pour illustrer plus encore, la profondeur de cette fraternité d'hospitalité permettant de faire route ensemble tout en respectant les identités de chacun, écoutons Jean Toussaint, prêtre de la MDF, lui aussi en Algérie, témoigner d'une rencontre vécue avec des jeunes de confessions chrétiennes et musulmanes lors d'une veillée funèbre :

> Assises sur des tapis dans la nef de la chapelle catholique, les filles ont entonné des chants. Assis dans une salle latérale, les garçons leur répondaient. C'était comme une plainte venue du fond des âges devant le malheur qui frappe des innocents. Parmi eux, un Algérien et une Malienne voilée ont pris la parole sous la croix en plein ramadan. De cette assemblée si diverse émanait un profond esprit de fraternité, dans le respect des identités. Moment où chacun s'exprimait dans sa langue, dans sa culture, mais où apparaissait un trait d'union insoupçonné[2].

1. LAC 154, 1992.
2. LAC 296, 2018.

Un trait d'union insoupçonné relie des femmes et des hommes si différents et qui pourtant partagent, par cet Esprit fraternel, une même douleur, un même amour. Ils sont eux aussi des frères et des sœurs du chemin. Une vie spirituelle vécue en vérité permet de reconnaître la trace de Dieu dans toutes les religions et traditions philosophiques. Chacune est aimée de lui. Telle est la conviction de foi que la CMDF met en œuvre dans son dialogue avec le monde.

Être frère du chemin c'est aussi adopter une posture spirituelle qui fait entrer dans une liberté de parole et d'action. Xavier Campagne, prêtre MDF dans la ville cosmopolite de Marseille, évoque cette liberté d'action qui le pousse à fraterniser avec tous :

> Personne ne possède la vérité. Elle est toujours au-delà de nous. Elle est toujours un but à atteindre. Elle est cet Autre que nous appelons Dieu. Je pense que la meilleure façon de vivre cette non-possession et donc de vivre cette recherche de la vérité, c'est de la chercher avec d'autres qui ont d'autres chemins, culturels, historiques, religieux, philosophiques, pourvu que nous nous mettions en recherche ensemble[1].

Être « frère du chemin », consiste à entrer jour après jour dans une espérance enracinée dans la certitude que, dans leurs différences, les êtres humains grandissent si leur dialogue et leur action commune sont au service de la vérité dans la liberté.

1. LAC 154, 1992.

15

Le retour de mission

> La tâche confiée par les évêques à la CMDF, la responsabilité qu'elle porte, est d'être mêlée à l'existence ordinaire des gens de ce temps, prioritairement de ceux qui ne sont pas chrétiens, de recueillir d'eux les paroles de vie qui sont des paroles de Dieu et signes de l'Esprit, et de témoigner auprès d'eux de la proximité de Dieu[1].

Le retour de mission porte un enjeu essentiel pour l'Église : celui de faire vivre en son cœur une parole de Dieu qui la transforme car elle est née d'un dialogue entre les envoyés et les envoyeurs, les missionnaires et l'institution ecclésiale dont le but est de féconder deux expériences de foi. L'une vécue par le missionnaire dans un contexte particulier et l'autre par l'Église rassemblée. La visée est l'élaboration par l'Église d'une parole de foi en direction des contemporains.

1. *Manifeste de la Communauté Mission de France*, Pontigny, 18 août 2002.

Le retour de mission vécu à la Mission de France renvoie au récit que fait saint Paul dans sa Lettre aux Galates (cf. Ga 2, 11-21). Il met en perspective sa mission auprès des païens avec celle de Pierre au sein de la communauté des juifs, des circoncis. Le discours de Paul aide à comprendre combien les deux expériences, loin de s'opposer, se complètent et mettent en évidence une facette nouvelle du plan de salut de Dieu. Il révèle que la diversité culturelle des personnes, loin d'être un obstacle au salut, est au contraire la caractéristique de son universalité. Cette rencontre avec ceux qui croient différemment transforme spirituellement Paul. Les païens ont part eux aussi au salut en Christ sans devenir juifs. L'Église naissante en est à jamais changée. L'expérience des membres de la CMDF évoque, dans une moindre mesure, cette conversion inhérente à tout dialogue authentique avec les gens. Le missionnaire n'en ressort jamais indemne. Comme Paul et Pierre discutant des orientations missionnaires de l'Église, la CMDF fait part aux évêques qui les envoient de ce qui est vécu afin de permettre à l'Église, après discernement, d'intégrer les appels de l'Esprit.

Ainsi, un des apports de la MDF à l'Église a été de favoriser une autre compréhension du Christ en pointant l'importance de l'incarnation, du corps, de la chair. Un prêtre de la MDF en témoigne ainsi :

> Si on revient, c'est autrement et différent, chargé d'histoire, transfiguré par les visages rencontrés et changé au-dedans par la parole des autres et leur amour. Mais cette altérité éprouvée, nous devons l'inscrire dans la vie de l'Église, dans le Corps du

> Christ étendu dans l'histoire. Il ne suffit pas de partir, de changer réellement de pays ou de paysage intérieur. Il nous incombe aussi d'en communiquer l'onde de choc et de nous en faire l'écho au-dedans de la conscience ecclésiale, même si c'est difficile, surtout si c'est difficile[1].

La CMDF contribue à ce que l'histoire devienne un lieu du sacré que Dieu habite.

Un autre fruit du retour de mission est le déplacement de perspective dans l'engagement missionnaire à la CMDF d'abord et dans l'Église ensuite. La Mission de France a longtemps vécu, et vit aujourd'hui encore, la mission confiée par l'Église sur le registre d'une certaine puissance à exercer sur le monde, en vue d'une transformation sociale, culturelle et religieuse. L'expérience des soignants, membres de la Mission de France, a apporté un autre regard sur le vécu missionnaire. L'accompagnement de mourants, de patients atteint de troubles psychiatriques a conduit à une relecture du vécu davantage orientée vers une impuissance à accepter dans le rapport avec les contemporains. En effet, nous ne changeons rien de la vie des gens. C'est à eux d'élaborer le propre sens de leur existence. Nous les aidons à entrer un peu dans la vérité de leur être, et, s'il se peut, à se situer avec eux devant la butée commune de la mort. Serge Baqué évoque son expérience d'un jeune qu'il suivait régulièrement, au moment où son état commença à s'aggraver :

1. LAC 242, 2007.

> «À quoi ça sert que je continue de vous parler puisque ça ne m'empêche pas de souffrir et de mourir?» L'accompagnement des malades m'en a encore convaincu un peu plus, ce n'est pas seulement l'engagement révolutionnaire ou humanitaire qui justifie d'exister; c'est aussi d'entrer dans ce travail de vérité et de liberté. Un chemin qui n'a parfois aucun témoin. Le jeune homme en question continua de me rencontrer. Avant de mourir, noyé dans le sang qui avait envahi ses poumons, il a pu dire à propos de son ami qui ne l'avait jamais abandonné malgré sa déchéance: «Avant, j'étais homosexuel, maintenant j'aime un homme»[1].

À travers ce témoignage, transparaît un engagement missionnaire déployé dans une sorte d'impuissance ou plutôt de non-puissance. Il s'agit là de permettre à un homme d'énoncer dans une présence et une écoute, celui qu'il est. Maintenir vivante une espérance. La MDF à travers cette expérience de la non-puissance a mis en avant une autre manière d'être prêtre. Il est l'homme de l'Évangile annoncé aussi aux personnes pour lesquelles il ne veut rien dire. Le sacré, présent dans l'exercice du culte, se déplace vers l'extérieur de l'Église et rejoint toute la vie humaine.

Un troisième apport de l'expérience vécue par des membres de la CMDF est celui de la gratuité dans la durée. Ces deux dimensions ont inauguré une sorte de décentrement de l'Église. Elle n'est pas au-dessus mais partie prenante de la vie humaine dans ses lourdeurs, ses faiblesses. En effet, la plupart des personnes envoyées en mission le sont dans un temps long. Si elles sont

1. LAC 150, 1991.

envoyées dans les champs missionnaires à labourer, elles découvrent qu'elles sont elles-mêmes une part de ce champ. L'envoyé creuse un sillon pour aller jusque dans les profondeurs de la vie humaine. Dans le mouvement même du Fils de Dieu prenant chair humaine (Ph 2, 6-8), il est appelé à se vider de lui-même pour accueillir quelque chose de ce qui fait la vie de l'autre. Seule la fidélité à un peuple tel qu'il est crée une vraie parole. Marie-Jeanne Bonneau-Galibert, aumônier dans un hôpital psychiatrique et membre de la CMDF, relate ces notions de gratuité et de fidélité avec ses mots :

> Accueillir la parole de l'autre sans poser de question, en respectant son intériorité : que la rencontre avec un amant l'ait ouvert à Dieu ; que l'Évangile soit source de vie pour elle-même et pour ceux qui sont ses prochains. Dieu par la vie qu'il me donne, me donne de croire que, malgré ce qui paraît perdu, voué à une répétition de mort, le regard que je peux porter, les paroles que je peux dire et recueillir prennent leur source en celui qui a traversé la mort et qui est vivant, le Dieu de Jésus présent dans son Esprit. Il me redit à quel point il est tendresse pour ceux qui se laissent toucher et a une sollicitude particulière pour ceux qui ont été cassés, blessés, dès leur enfance. Il est avec ceux qui se battent pour se délivrer du mal qui les ronge et même quand ils n'ont pas la force de se battre[1].

La gratuité et la fidélité sont essentielles à l'Église pour opérer sans cesse un décentrement et s'ouvrir à l'altérité.

1. LAC 245, 2008.

Enfin, ce retour de mission pose pour le père Hervé Giraud, évêque de la MDF, une question théologique importante : Dieu fait-il sens pour nos contemporains qui apparemment n'en ont pas besoin pour vivre ? Il s'agit de chercher en Église comment rendre pertinente la question de Dieu dans la vie quotidienne des gens. En quoi le salut les concerne-t-il ? Comment formuler les mots de la foi pour qu'elle puisse être audible par les femmes et les hommes de ce temps ? Ici surgit l'autre manière dont la MDF a fait de la théologie à partir de l'histoire. Elle a mis en œuvre une théologie pratique à partir de son vécu missionnaire. La théologie de la libération y a trouvé une de ses sources spirituelles. Le retour de mission est un acte spirituel et théologique essentiel pour l'Église et le monde. Il revient à la Mission de France de dire à l'Église ce qu'elle découvre de l'Esprit à l'œuvre dans l'humanité. Telle est la tâche qui lui est confiée par les évêques de France.

Épilogue

COMBIEN de fois avons-nous entendu cette question : y a-t-il une spiritualité de la Mission de France ? Quand ce n'était pas : ses membres ont-ils une vie spirituelle ? Mais pourquoi posait-on ou pose-t-on encore cette question ?

La première raison tient souvent à une incompréhension profonde non pas du ministère presbytéral ou diaconal qui est confié à la Mission de France, mais de la manière dont nous le vivons depuis les fondations, il y a quatre-vingts ans. Dans une société devenue irréligieuse ou « sans Dieu » – bien que Dieu ne s'en soit pas retiré et que des chrétiens et des communautés y vivent –, ces prêtres ordonnés pour aller à la rencontre de leurs contemporains, pour contribuer à mieux comprendre les attentes et les réponses contrastées des uns et des autres, ont pris, comme Jésus et comme Paul, la condition humaine ordinaire en partageant le travail, l'habitat, les soucis qui sont le lot de tous. En France mais aussi, pour une petite part d'entre eux, en pays musulmans, en Amérique latine, en Afrique et jusqu'en Chine. Avec leurs compagnons de travail, ils ont pris leur part de la lutte pour plus de justice et de fraternité. Certains gardaient des responsabilités paroissiales, d'autres non. Déroutants pour beaucoup, on a parfois douté de l'authenticité de leur vie chrétienne et de leur engagement missionnaire.

Proposons une seconde raison : on identifie souvent les lignes de forces d'une spiritualité avec les traits majeurs de la vie spirituelle d'un fondateur ou d'une fondatrice. Or la Mission de France n'a pas de « fondateur » bien qu'elle soit une fondation. À l'initiative du cardinal Suhard, c'est une fondation des évêques de France pour le service de la mission qui leur est collégialement confiée. Certes, Thérèse de Lisieux par la petite voie de l'amour dans les simples choses de la vie quotidienne et par l'épreuve de sa foi, a été pour eux et demeure un point d'appui et une compagne. Mais d'autres aventuriers ou aventurières de la foi sont nos compagnons de route comme Charles de Foucauld ou Madeleine Delbrêl.

Une troisième raison peut enfin expliquer les incertitudes que certains peuvent avoir à propos de notre vie spirituelle : une sorte de pudeur qui nous retient d'exprimer et de partager des réalités spirituelles profondes mais instables, échappant à toute systématisation. Cette pudeur vient du respect de ces « autres » qui nous ont accordé leur confiance et leur amitié et dont nous avons tant reçu sans pouvoir leur rendre justice de ce partage et plus encore dans la crainte de les trahir d'une façon ou d'une autre. Notre vie spirituelle ne nous appartient pas... Certains d'entre nous ont beaucoup écrit, je pense, pour ne citer qu'un frère qui a achevé sa course, à Jean Debruynne. Il est loin d'être le seul. D'autres ont partagé des moments décisifs de leur existence mais n'ont rien écrit. Il leur suffit, si je puis dire, d'assumer tout ce qu'il y a d'humain dans les Psaumes, les hymnes, certains textes des Pères de l'Église pour se trouver en communion avec l'unique Église de tous les temps et les aspirations des communautés humaines non chrétiennes dont ils ont choisi de suivre le destin pour y demeurer une présence qui fasse signe à une autre Présence et la révèle : celle de Dieu. Plus profondément encore, mais cela ne nous est pas spécifique, nous partageons l'expérience de bien des mystiques, la souffrance, la communion à celle des autres. Le silence de Dieu, que le Christ lui-même a vécu dans l'épreuve de la Croix, nous laisse parfois sans voix, sans images et sans mots, dans la seule fidélité du cœur et de l'esprit à un amour de Dieu qui est au-delà de la foi. Alors les mots manquent, il ne reste qu'à demeurer dans le silence, ouvert à toute compassion.

Postface

« Toute la multitude garda le silence, puis on écouta Barnabé et Paul exposer tous les signes et les prodiges que Dieu avait accomplis grâce à eux parmi les nations » (Ac 15, 12).

Ce qui a été initié aux temps apostoliques constitue une référence pour tout renouveau missionnaire. Il faut, certes, considérer cette expérience par rapport au contexte culturel nouveau dans lequel on veut l'inscrire. Et je ne sais, évidemment, si le pape François songe à ce récit de retour de mission, rapporté dans les Actes des apôtres, quand il s'exprime sur la nécessité d'une Église synodale. On se souvient, par ailleurs, que l'assemblée de Jérusalem fit silence avant de décider dans un chemin de synodalité, autrement dit dans la concertation et la délibération, l'ouverture de l'Église aux païens sans imposer toutes les contraintes du judaïsme.

L'effervescence missionnaire du XXe siècle, dans laquelle la Mission de France est née, a cultivé ce retour essentiel aux sources apostoliques. Le concile Vatican II en fut une expression majeure. Face à la sécularisation, le charisme fondateur de la Mission de France fut d'incarner cette médiation par laquelle ses ministres, envoyés aux périphéries, témoignent de la révélation de l'amour gratuit et inconditionnel de

Dieu pour quiconque, en préalable à toute perspective d'évangélisation. Que l'idée de Dieu réjouisse ou attriste nos contemporains, qu'elle étonne ou indiffère, c'est la vocation première de la Mission de France de porter la question de Dieu partout où son nom et sa présence semblent si éloignés des préoccupations quotidiennes et des attentes vives de l'humanité. Depuis la Pentecôte, nous savons que l'Esprit est présent dans la diversité des peuples et qu'il nous précède là où l'Église ne s'y attendait pas, notamment quand amour et vérité se cherchent, quand justice et paix tracent un chemin.

Cette démarche missionnaire et spirituelle s'est peu à peu forgée dans un contact rugueux avec les réalités de ce monde. Dieu y laisse plus souvent deviner son initiative et sa bonté dans la relecture patiente des évènements conjuguée à celle des Écritures. Elle s'est approfondie dans le discernement d'équipes de mission où chacun met en commun ce qu'il a vécu et contemplé de l'Esprit à l'œuvre en ce monde. Les rencontres régionales ou l'assemblée générale de la Mission de France sont aussi ces lieux où s'exercent une synodalité et un tel discernement. On a parfois reproché une annonce de l'Évangile peu explicite ; ce qui n'a pas été suffisamment entendu, en retour, c'est le regard et les paroles de ceux qui ont été rencontrés. Ils ont été explicites au point de dire à peu près ceci : « Depuis que tu es là, je sais bien que ton Jésus, s'il a existé, ne peut que nous aimer. »

Intimement liée à la Mission de France, la naissance des prêtres-ouvriers a traduit, à la manière de tant de prophètes, et en se heurtant aux limites de ce monde, la volonté d'entendre la clameur des pauvres et des blessés de l'histoire. Chercher le royaume de Dieu et sa justice est un appel du Christ. Nous sommes bien là au cœur d'une responsabilité théologique qui engage le ministère. Elle n'est pas seulement sociale, pas seulement comptable aux yeux de la loi, dirait saint Paul. Pourquoi ? Parce que c'est précisément au cœur des injustices que des personnes ont éprouvé Dieu comme ténèbres, comme non-sens et qu'ils s'en sont parfois détournés. La quête de Dieu est en attente de sa miséricorde infinie. Elle ne saurait pourtant ignorer le service de la justice, qui précède celui de la miséricorde, et ce qu'elle suppose comme courage et persévérance. Dans la gestion calamiteuse des abus sexuels, abus de pouvoir et abus de conscience, il est probable que la gouvernance de l'Église l'ait quelque peu oublié. Il est juste et il est bon que les équipes de la Mission de France, associant laïcs, diacres et prêtres, poursuivent ce service prophétique ancré dans leur histoire et dans l'accueil du règne de Dieu. Il s'agit, pour le dire avec le philosophe Paul Ricœur, de désirer la vie bonne avec et pour autrui dans des institutions justes.

Dans un élan remarquable de fraternité, les premiers chrétiens ont mis leurs biens en commun. Si cet idéal a rapidement montré ses limites, il n'en reste pas moins suggestif et continue d'alimenter le choix des communautés monastiques. Le christianisme se tient sur une ligne de crête où l'on apprend un difficile équilibre entre le droit de propriété et les vertus de la mise en commun. C'est cet équilibre qui donne tout son sens à la défense de la vie humaine et de sa dignité, comme plus généralement de tout ce bien commun confié à l'humanité, dans toute sa diversité.

Face à l'individualisme, qui traduit au cœur de cette humanité la recherche effrénée du profit, la notion de bien commun vient mettre à jour cette mise en commun des biens, aux temps apostoliques. Épouser le regard du Christ rend attentif à tout ce qui est germe de vie. Les encycliques *Laudato si* et *Fratelli tutti* offrent à ce titre un champ exceptionnel d'investissement d'un ministère de communion au service de la maison commune. La culture contemporaine, marquée par la révolution numérique qui ne se lasse certes pas de poser des questions, peut aussi offrir plus de possibilités de rencontre et de solidarité si des personnes de bonne volonté l'orientent vers le bien commun.

Dans ses lettres, Paul évoque les hommes et les femmes qui sont autant de ses collaborateurs pour la mission, avec une attention familière et émouvante. En concluant cet ouvrage, je tiens à partager ce que m'inspire le dernier chapitre de la Lettre aux Romains. Paul prend le temps de saluer nombre de ses précieux collaborateurs de la première communauté chrétienne à Rome : dans leur diversité, ils se sont donné de la peine pour répondre à l'appel de Dieu. Loin de considérer cette salutation comme une simple marque de courtoisie, je veux la saisir comme le signe et le ferment d'une véritable coopération pour la mission. Ces salutations éclairent d'une manière singulière la synodalité en vue d'une Église plus horizontale, plus inclusive, plus participative.

Depuis sa création en 2002, la Communauté Mission de France a voulu développer une synergie entre laïcs et clercs au sein des équipes de mission et poursuivre la culture de délibération, autrement dit de synodalité, dans les assemblées générales régulièrement convoquée depuis 1954. Des laïcs se sont reconnus dans le charisme apostolique de la Mission de France jusque-là confié à des prêtres et à des diacres. En dialogue avec les évêques de France qui ont voulu et fondé cette institution en 1941, le temps est donc mûr pour avancer vers de nouvelles dispositions canoniques qui favorisent l'inclusion de laïcs à ce charisme apostolique.

En Occident, l'Église catholique déplore depuis longtemps une désaffection et une forte dissémination, particulièrement dans les campagnes et les banlieues. Parfois tiraillée par de multiples courants, elle s'essouffle à tenir une organisation qui paraît tellement ancrée sur un territoire qu'elle semble ne pouvoir être autre. L'Esprit qui œuvre avec discernement dans la synodalité doit nous guider en quelque sorte au désert pour une épreuve de vérité. Dans le mot dissémination comme dans le mot séminaire, il y a semence, et nous savons que le Semeur est sorti pour semer. Telle est notre espérance commune, alors que des jeunes continuent de frapper à la porte du séminaire de la Mission de France.

Mgr Hervé Giraud
Prélat de la Mission de France

Quelques livres de référence

Sybille Chapeu, *Des chrétiens dans la guerre d'Algérie. L'action de la Mission de France*, Éditions de L'Atelier, Paris, 2004.

Xavier Debilly, *La théologie au creuset de l'histoire*, Cerf, coll. « Cogitatio fidei », Paris, 2018.

Dominique Fontaine, *La foi des chrétiens racontée à mes amis athées*, Éditions de l'Atelier, Paris, 2006.

Chantal Joly, *Des prêtres là où on ne les attend pas*, Salvator, Paris, 2018.

Jean-Marie Lassausse, *Le jardinier de Tibhirine*, Bayard, Paris, 2010.

Jacques Leclerc du Sablon, *J'aime les lointains*, Desclée de Brouwer, Paris, 1998.

Jean-Marie Ploux, *Le Christ aventuré*, Desclée de Brouwer, coll. « Jésus et Jésus-Christ », 23, Paris, 1985.

Nathalie Viet-Depaule, Tangi Cavalin, *Une histoire de la Mission de France*, Karthala, Paris, 2007.

Table

CET OUVRAGE A ÉTÉ COMPOSÉ
PAR ATLANT'COMMUNICATION
AU BERNARD (VENDÉE).

Achevé d'imprimer en août 2022
sur les presses de
La Manufacture - Imprimeur – 52200 Langres
Tél. : (33) 325 845 892

N° imprimeur : 220698 - Dépôt légal : août 2022
Imprimé en France